学会成长
学会爱

新时代大学生婚恋
家庭素养教育

左红梅 著

上海交通大学出版社
SHANGHAI JIAO TONG UNIVERSITY PRESS

内容提要

本书涵盖婚恋素养、家教"早课"、思想引航、人际交往四大主题,是作者近三十载高校辅导员工作中,陪伴学生并答疑解惑的"温情笔记",也是对高校大学生家庭和婚恋教育的"理性思考"。本书适合高校教师、大学生及其家长以及所有对亲密关系感到困惑的人。

图书在版编目(CIP)数据

学会成长　学会爱:新时代大学生婚恋家庭素养教育/左红梅著. —上海:上海交通大学出版社,2023.5(2024.6 重印)
ISBN 978 — 7 — 313 — 28239 — 2

Ⅰ.①学…　Ⅱ.①左…　Ⅲ.①大学生-婚姻-社会心理学②大学生-恋爱心理学　Ⅳ.①C913.1

中国国家版本馆 CIP 数据核字(2023)第 080038 号

学会成长学会爱——新时代大学生婚恋家庭素养教育
XUEHUI CHENGCHANG XUEHUI AI ——XINSHIDAI DAXUESHENG HUNLIAN
JIATING SUYANG JIAOYU

著　　者:左红梅
出版发行:上海交通大学出版社　　　　　　地　　址:上海市番禺路 951 号
邮政编码:200030　　　　　　　　　　　　电　　话:021 - 64071208
印　　制:上海文浩包装科技有限公司　　　经　　销:全国新华书店
开　　本:710mm×1000mm　1/16　　　　印　　张:15
字　　数:250 千字
版　　次:2023 年 5 月第 1 版　　　　　　印　　次:2024 年 6 月第 3 次印刷
书　　号:ISBN 978 - 7 - 313 - 28239 - 2
定　　价:58.00 元

序

对于大学生而言,大学是他们恣意畅游的知识海洋,也是他们提高各种社会技能的空间。同时,大学阶段又是青年塑造健全人格,成长为独立社会人,进入新的人生阶段的"最后一公里"。很多大学生都对人际关系尤其是恋爱婚姻存在困惑,可能知道如何表白,但不知道如何得体地拒绝、不知道如何面对别人的拒绝,有社交恐惧的也不少见。因此,如何建立格局互通、情感互应的良好人际关系,是每个大学生的人生必修课。

孩子上大学以后,以集体生活为主,父母与孩子渐行渐远,家庭教育的力度似乎也越来越弱,辅导员也许比父母更了解孩子也更有影响力。

本书作者左红梅从事了20余年的高校教育管理工作。在她看来,学校教育和社会教育对人的影响是阶段性、间接性的,家庭教育的影响却是具体且连续的,但唯独在大学阶段,学校环境取代家庭环境成为阶段性的第一教育情境。在与大学生的近距离接触以及与家长的联系交谈中,她把关注的目光投向了大学生婚恋教育这一重要且现实的话题。

本书收录了80余篇作品,跨越20余年,面向学生一生的成长,喃喃细语中沉淀着家人般的关怀爱护,慈母般的碎碎叨叨里有着人生真谛。作者有定力、有耐力,更有温度,在工作中守护着万家灯火,帮助无数大学生顺利蹚过了令人迷茫的青春之河,也为无数困惑的家长开出了行之有效的"诊疗药方"。

本书涉及婚恋素养、家教"早课"、思想引航、人际交往等话题,畅谈大学生如何培养"爱之能力",形成"爱的艺术"。此外,作者没有停留在细枝末节的叙述上,整本书既有作为师长和过来人的现身说法、经验之谈,又有对现实问题的理论省思、学理升华,读来温润如玉、回味悠绵。

本书作者非常注重理论层面的总结。工作之余,她发表了《当代大学生婚恋存在的问题及教育对策》《大学生婚恋观异化的伦理审视及其引导》《知识整体论视角下大学生情感观念现状及教育引导》等多篇学术论文。2019年,成立高校家庭教育矫正中心,致力于大学生情感疏导和探讨家校合作育人;2020年,创建

"红梅引航"扬州大学辅导员网络工作室并创办同名微信公众号,打造高校婚恋教育新阵地,产生了一定影响。

教育最独特的魅力在于心与心的碰撞、爱与爱的感染。《学会成长学会爱 —— 新时代大学生婚恋家庭素养教育》一书,是作者珍惜每一次育人机会,敬畏每一个可爱心灵,用热爱和耐心去陪伴,用生命的力量来温暖"未来父母"的结晶。期待作者的观察和思考能为高校开展婚恋教育提供参考,启发更多的大学教师读懂大学生的需求和期待、听到大学生的心里话、照亮大学生的心灵空间。

是为序,谨致祝福。

杨咏梅

2023 年 2 月

（杨咏梅,《中国教育报·家庭教育周刊》主编,中国教育学会家庭教育专业委员会常务理事,第二届"中国家庭教育十佳公益人物"）

前　言

一

　　我很庆幸能够成为一名大学辅导员，有机会接触到许许多多的老师和学生。在大学校园，总是可以遇见不同的美好，收获各样的感动，感受不断的成长。学生毕业了一茬又一茬，梧桐树修剪了一截又一截，春风十里之下的古城扬州，旧貌换新颜，弹指一挥间，我在瘦西湖与大运河之畔的扬大校园工作了 26 个春秋。

　　这是我的第一本书，既集中呈现了对 26 载辅导员生涯的点滴感悟，也是我对世界和人生的认识与理解。不过在说这本书之前，我想先说说我的辅导员之路。

　　1998 年，我即将从扬州大学水利建筑工程学院毕业，因为在大学校园有新闻写作的经历，发表过一些新闻通讯和诗歌散文，加之长期形成的写作习惯以及自学而来的新闻编辑学知识，《中国水利报》是我求职的"第一意向"。然而苦于无人引荐、路途遥远等，这个目标最终未能如愿。

　　一个偶然的机会，我听闻学院准备从我们这一届毕业生中挑选两人留校担任辅导员，怦然心动。尽管学院当时倾向于留任男生，思忖再三，我还是鼓起勇气向学院递交了精心准备的自荐材料，表达了强烈的留校愿望。经过数月漫长的等待，1998 年 6 月，我留校的愿望终于得以实现，8 月正式成为了一名大学生辅导员。

　　从此，我的一腔热情便铺洒在一线辅导员之路上。2006 年我换岗至能源动力工程学院担任团委副书记，2009 年应聘至外国语学院担任团委书记，2013 年担任马克思主义学院党委副书记，2019 年再回到母院水利科学与工程学院担任党委副书记，2022 年换岗至医学院担任党委副书记。26 年的一线辅导员工作，

9500个日日夜夜,从工科至文科再到工科,乃至医科,我以热爱作笔,以守候为纸,用陪伴写诗,半程与生为友,半程以生为伴。

梧桐与垂柳,琼花与腊梅,白玉兰和广玉兰,草坪与湖畔是我与学子们赖以生存的家园,也是我心中的底色。此半生中最令我心安感慨的便是,我选择了辅导员之路,我选择了以母校为家,在母校为业。

二

在完成各项院校工作,组织开展丰富多彩的活动的同时,我最关注的就是怎样才能更好地帮助大学生。我的答案是珍惜每一次育人的机会,绝不放弃每一个学生。一名称职的辅导员,不仅要让领导和上级部门认可,更要赢得大学生的信任。让他们从与我的交流中受益,让他们愿意跟我吐露心声,愿意主动寻求我的帮助。

带着这样的想法,我尝试换位思考,站在大学生及其家庭的角度去思考。跟大学生交心的日子,忙碌而充实,共同成长是我最大的感受。从梅姐到红梅阿姨,我未敢懈怠,我敬畏"辅导员"这个最庄严的称呼和最不容易的坚守,敬畏每一位学生、每一颗心灵及其背后的家庭。

辅导员是一项事业,是心灵与心灵的碰撞,更是生命与生命的交汇。在立德树人的根本任务的指引下,我和辅导员同事,围绕学生,贴近学生,在最靠近学生的地方陪伴他们,在学生遇到困惑和困难的时候,及时地给出建议,伸出热情的援手。

我发现,大学生面对婚恋交友方面的困惑,常常手足无措,想找个合适的人倾诉非常难,只能请室友充当"参谋"。不少大学生"三观不正",需要有效的思想引领;少数大学生迷恋网络,染上不良嗜好……为了找到这些问题产生的原因,我把目光投向了大学生所受到的家庭教育。在与大学生的接触以及与家长的联系交谈中,我发现诸多问题的根源在于家庭教育,家庭教育给大学生的思想和言行烙上了深深印记,深刻而久远地影响着大学生的成长。因此,高校辅导员等教育工作者经常需要分析和研究大学生背后的家庭,以及他所接受的家庭教育。教育没有界限,引领需要时空穿透力。陪伴大学生的当下,拓展大学生的未来,为他们即将开始的长途跋涉多准备一些粮草、多准备一些精神养料,把他们向前推一程,让他们走得更远些,这就是本书的由来和写作初衷。

三

2020 年，扬州大学启动建设首批辅导员网络工作室。8 月，"红梅引航"扬州大学辅导员网络工作室应运而生，我投入极高的热情和很多的精力，进行工作室的方案设计与日常运营。与其说是创建工作室，不如说是在极力探索教育工作的全新路径。我寻求突破，既突破自我，也突破教育与教育，人与人，学校与社会，过去、现在与未来的界限和隔阂。

我结合实际工作和学生需求，开启了线上线下相结合的辅导员工作室建设之路，用不到两年的时间，围绕婚恋、人际、家庭教育、思想引领、青辅心声、流金岁月等主题栏目，推出了 200 余篇原创推文，共计 40 余万字。我还开设了"大学生婚恋家庭素养教育"公选课，并在喜马拉雅开通了"红梅引航"电台。

本书既有对辅导员工作的思考，也有对大学生思想引领的反思，对大中小学一体化思想政治教育及家庭教育的研究；既有对婚恋教育引导的探索，也有对人性及自我的剖析，以及对人与人之间的关系的洞察和体悟；既有对大学生所遇困扰的解答，同时还有对教育工作者关注的焦点的回应；既有对工作理念的思考，也有对工作方法与技巧的研究。

作家巴金说，人生的目标是什么？是丰富满溢的生命。就像植物不得不开花，自然的花香满园飘荡。有了这样的目标，我们就会全力以赴。马克思曾说，历史把那些为了广大的目标而工作，因而使自己变得高尚的人看作伟大的人；经验则把使最大多数人幸福的人称赞为最幸福的人。努力做一个幸福的人，一个让更多的人幸福的人。

正如爱因斯坦所说，学校的目标始终应该是当青年人离开学校时，是作为一个和谐的人，而不是作为一个专家。我们助力家庭和谐，助力学生一路奋进收获幸福。我们需要坚持问题导向，解决实际问题，这既是"红梅引航"工作室的出发点，也是这本书的目标。

珍惜每一次育人机会，敬畏每一个可爱心灵，用热爱和耐心去陪伴，用生命的力量来温暖。以涓涓细流，滋润沿途的小花小草，如果还有力量，期待细流汇聚成小溪小河，奔流至江湖与海洋。我期待这本书可以成为那一涓细流。

扫描二维码，关注"红梅引航"公众号

目 录

第一篇 婚恋素养：双向奔赴与共同经营

第二篇　家教"早课"："教育定力"与"内生动力"

第三篇　思想引航:探寻"宝藏"与追光而行

第四篇　人际交往："社交恐惧"与有效沟通

第一篇

婚恋素养：双向奔赴与共同经营

婚恋是指恋爱和婚姻，婚恋观主要包括恋爱观、择偶观、婚姻家庭观、性观念以及对爱的认知等方面。大学生不仅处于全面成长的黄金时期，也处于发展婚恋关系和建立家庭的准备阶段，婚恋素养提升成为高校教育绕不开的焦点话题。

本篇针对大学生对婚恋问题的消极态度、物化倾向，异性交往能力薄弱，道德滑坡等问题进行探讨，分享正确的婚恋观念和恋爱技巧，强调婚恋关系中的双向奔赴与共同经营，帮助青年学生构建正确的婚恋观。

构建新时代大学生择偶观的"四梁八柱"

　　婚恋是人生的重要话题,拥有幸福的恋爱和婚姻一直是人们孜孜以求的,也是大学生向往和憧憬的。机会往往垂青那些有充足准备的人,大学生要及早树立正确的择偶观,提前做好准备,积极等待恋爱机会的降临。当披着外衣的"爱情"来敲门,有着正确择偶观的你,才能辨别"真伪",并顺利抓住真正的缘分。

　　择偶,顾名思义就是选择配偶,在茫茫人海中找一个终生的伴侣。说择偶对人的一生具有"里程碑"意义,丝毫不为过。而择偶观就是人们在选择恋爱对象或配偶时所持有的衡量标准。择偶观会因人而异,也会因时因地而发生变化,具有鲜明的时代性。网络的蓬勃发展既为新时代大学生与异性交往提供了便利的环境,也带来了一定的挑战。大学生往往难以判断彼此是否适合进入婚恋关系,纠结或许成为"家常便饭"。正确的择偶观,往往能帮助大学生及时做出判断和选择,避免在患得患失中挣扎,甚至失去自我,深陷苦恼之中。我认为,新时代大学生择偶观中的主要因素可以概括为"四梁八柱"。"四梁"指四个核心要素,即三观正、品行好、心灵美、责任强。"八柱",指其他八个比较具体的方面,即志同道合、爱的能力、外貌、健康、性格、学历水平、经济条件、家庭背景。择偶观中"四梁八柱"为我们提供了一个基本的"考察"标准,能够帮助我们筛选出适合自己的伴侣,建立更加稳定、幸福和持久的婚恋关系。如同一座宏大的房子,四梁正了稳了,房子才具备了基本的安全稳定性,才能经受住风雨雷电的冲击。

　　如果情侣双方三观正、品行好、心灵美、责任强,那么他们的幸福程度将是值得期待的。首先拥有正确的三观的人能处理好个人与国家、社会、家庭之间的关系,能在社会和家庭中正确定位自己的坐标,这样的人心态好、动力足,能与社会同向而行,容易与爱人形成同心圆。因此三观正不正,是择偶时首先要关注和考察的。其次是品行好,即道德品质和行为表现好,品行好的人往往是愿意奉献、脱离自私的,是善于合作、容易相处的,所以,品行好是择偶的第二个核心考察点。心灵美的人善良且富有同情心,性格温暖,具有这样的品质的人,才容易与相爱的人形成共情。四是责任感强,成为他人的伴侣实际上就是一份沉甸甸的责任。责任感强的人具有强烈的使命感,视对方的幸福为己任,他(她)会扮演好职员的角色、爱人的角色、为人儿女的角色、父亲母亲的角色……

我个人对在择偶观中扮演"八柱"的志同道合、爱的能力、外貌、健康、性格、学历水平、经济条件、家庭背景,这些因素的重要性的认识,可以从以上排序中略见端倪。

首先是志同道合。这也是男女双方建立婚恋关系的一个重要前提,最初的"一见钟情""感觉良好""颇有好感""谈得来",都与志同道合有关。所谓"一把钥匙开一把锁",志同道合的男女双方容易达成默契。

二是爱的能力,即唤起爱、创造爱的能力。在爱情中,爱要比被爱更重要,"给"比"得"更能使自己满足,更能使自己快乐。只有具备足够强大的爱的能力,才能创造和拥有"持久的爱",才能让爱情保鲜。

三是外貌即长相、身高等。很多青年人往往把外貌摆在第一位,崇拜高颜值,成为"外貌协会"的一员。这样的观点值得商榷,需要具体问题具体分析。如果对方"四梁"因素都很好,外貌也好,那就再好不过了。相反的,不看对方道德品质和精神心灵层面的优劣,仅以貌取人,就容易出问题。所以,我建议,恋人之间相处磨合的时间要长一些,要坦诚沟通交流,触及彼此的灵魂。不能仅仅以貌取人,有些人虽长相平平,但在精神层面却非常富有,这样的人不仅值得我们尊重,更值得我们去追求和爱慕。

四是健康因素。健康是关系人生幸福的根本性因素,有健康才有幸福和未来。但是,二十出头的青年人往往会忽略自己的身体健康,作息很不规律,喜欢玩手机,喜欢吃外卖油炸食品和饮品,不吃蔬菜,不喜欢锻炼等。关注自身的健康,既是对自己负责,也是对对方负责。

五是性格。一句话让人笑,一句话让人跳,这说明了沟通交流能力的重要性。择偶过程中,能否与对方顺畅地沟通交流,是婚恋关系能否成功的关键因素。因此,青年学生一定要提升自己的沟通交流能力。

六是学历水平。双方的学历水平最好能基本相当,因为受教育程度和教育经历会影响人们对事情的认识,但这也不是绝对的。如果学历差异没有给双方的交流造成障碍,那么也没有问题。在现实生活中,很多夫妻的学历水平有着一定的差异,这种差异不应该成为障碍。

最后的两个因素是经济条件和家庭背景。其实,多数大学生恋爱时更关注前面几个因素,把感情看得比较重,并不特别关注经济条件和家庭背景这两个方面。我个人认为,婚恋的重要意义之一在于,男女双方在爱情浇灌下携手打拼未来,创造家庭财富和社会财富。经济条件和家庭背景好,固然是好事,小两口奋斗的历程可以轻松一些;但父母的财富毕竟是他们创造的,对这样的财富要怀有敬畏之心。当然,我们要清楚地看到,经济条件和家庭背景好的毕竟是少数,青年人不能"嫌贫爱富",不要埋怨父母,也不要自卑,我们要用自己的双手和双脚去创造未来,不经历风雨,何以见彩虹。要坚信有了爱,有了家,有了奋斗,该有的都会有的。

以上就是我建议大学生应该确立的择偶观,我们在期待爱情到来的同时,努力做一个为爱而成长,为爱而创造,为爱而准备的人。

寻找婚恋"灵魂伴侣"的三个必要准备

我国著名社会学家、婚恋专家李银河教授在谈如何找到"灵魂伴侣"时说：首先你得有个灵魂，其次要有爱的能力，最后要有运气。

灵魂伴侣的英文为 soulmate；广义的灵魂伴侣可以解释为精神伙伴、心灵伴侣、灵魂伴侣、知己。

婚恋中的"灵魂伴侣"，注重的是灵魂与精神层面的相吸、相通、相融，好似相互的沟通交流不需要刻意努力，而是凭借灵魂之间的呼唤与回应，人的精神及躯体能够达到合二为一的至高境界，得以舒展及慰藉。

想要寻找"灵魂伴侣"，建议从以下三个方面做好准备。

首先，让自己成为一个有思想有灵魂的人。灵魂是我们的精神面貌和心灵世界的体现，也常常在我们为人处世、学习工作和日常生活中发挥着主导和决定性的作用。人无贵贱之分，但灵魂却有高低之别，妥妥地将人分成三六九等；思想与灵魂不会在人的面庞贴上标签，优秀的思想与灵魂可以直接到达对方的心灵。

努力让自己成长为一个有着美好灵魂的人，这应成为我们每个人不懈的追求。向前人学习，向师长和周围优秀的人学习，向大自然学习，汲取有益养分，就如同燕子筑巢一样，将优秀的品质集中于一身，筑成一个富有思想的灵魂巢穴。

新时代的青年人更应注重营建灵魂的巢穴。倾巢之下焉有完卵？如果我们的灵魂巢穴不够稳固，更谈不上宽敞和温馨，那么，婚房准备得再豪华再宽敞，情侣间能培育出发自心底的持久的幸福吗？

第二，让自己成为一个拥有强大的爱的能力的人。著名德裔美籍心理学家、精神分析学家、哲学家弗洛姆在伟大的爱情思想理论著作《爱的艺术》的前言中坦言：爱并不是一种任何人都能够轻易沉迷其中的感情，不管你达到的成熟程度如何。除了努力积极发展你的全部个性,使之形成一种创造性人格倾向外,一切爱的尝试都一定是要失败的;没有爱自己邻人的能力,没有真诚的谦恭、勇气、忠诚、自制,就不可能得到满意的、个人的爱。

弗洛姆认为:爱既是一种艺术,更是一种能力,这里的能力就是"爱的能力"。爱的能力就是指爱情中的责任、自律、专注、耐心、高度重视,这是让爱情驶向"持久之爱",寻找到"灵魂伴侣"的五驾马车。

这学期我新开设了大学生婚恋家庭素养教育的公共选修课,给学生布置了一项课外作业,让他们将自己或者朋友关于婚恋的困惑写出来,我在课堂上进行分析解读,并给出个人的建议,授课过程中对学生的个人信息严格保密。从学生的提问中,我可以看到部分学生有很多关于婚恋的困惑及烦恼,一些同学充满了不自信及悲观焦虑情绪。而一些不正面的婚恋现象又令他们更加彷徨。

这进一步验证了提升大学生爱的能力的重要性和必要性。错误的择偶观,势必为后续的婚姻埋下隐患。如果我们缺乏真诚、谦恭、勇气、忠诚、自制等优良品质,那么我们必将在婚恋中遭遇滑铁卢。如果在婚恋中,我们没有能力协调与伴侣的矛盾、与双方家长的矛盾,那么,婚恋必将在风雨中飘摇,甚至摇摇欲坠。具有了强大的爱的能力,如"三略于胸安社稷,一技在手定江湖",不仅能解决以上诸多问题,及时化解矛盾,甚至还能促进我们与同事及朋友融洽相处,从而不断提升自己的事业。

同样重要的是,一个爱的能力强大的人,才更容易看到身边的美好,容易产生感恩的情愫,在心灵深处孕育满足与幸福。

第三,让自己拥有优质的朋友圈。李银河老师认为,要找到灵魂伴侣"运气"很重要,从表面上看,"运气"是可遇不可求的,但事实上这里的运气是人为努力的结果。扩大自己的优质朋友圈,就会使自己的"运气"在线。

美国社会心理学家斯坦利·米尔格拉姆(Stanley Milgram)在 1967 年提出了著名的"六度分隔"理论,也叫"小世界理论":在优化的情况下,你只需要通过6 个人,就可以结识任何你想要认识的人。"六度分隔"说明了社会中普遍存在一些"弱链接"关系,这一关系其实可以发挥非常强大的作用。

我们每认识了一个人,都可能通过作为社会网格点的他,去认识若干个朋友,而在现实社交生活中,不少人的伴侣就是通过朋友或同学而结识的。从这个角度来说,沉迷网络、足不出户、"社恐",对青年人走向婚恋造成了非常不利的影响,使他们的"运气"直线下降。坐在家里憧憬"我爱的人和爱我的人"由天而降,最终得到的只能是：无可奈何花落去，空悲叹。

扩大自己的朋友圈，主动勇敢地与他人交流，这也是生活中无比重要的主题。每个人的内心世界都是非常丰富的，多一个朋友，多了解一个人，意味着我们就多打开了另一个世界，多开启了另一种可能。

同时，男孩子在成年前就要争取更多的机会了解女孩子，女孩子也同样需要了解男孩子。如果我们对异性不了解，或者不主动去了解，那么哪里来的爱的能力，又哪里来的"运气在线"呢？

大学生生育观的时代选择

　　对于这个话题我考虑好久了，却一直没有动笔，因为觉得这个话题不太好谈。但今天，我等来了动笔的这一刻。在开展大学生婚恋观教育的过程中，我察觉到了少数大学生的生育观同父母亲不一致，他们不愿意与父母去辩论，不愿看到父母伤心，但是他或她就是搞不明白，自己的想法为什么会遭到家人的反对。大学生有这样的困惑，家长们也有这个焦虑。但今天提出的看法和建议是我个人的，仅供参考，如果与一些朋友的观点相悖，请不要介意。

　　我们先了解一下基本概念，什么是生育观？生育观是人们对生育行为的看法，是世界观和人生观的重要组成部分，同时也是婚恋观的重要组成部分，属意识形态的范畴，对人们的生育行为起着支配作用。生育观是社会存在的客观反映。人们生育观存在差异的根源在于物质生活条件的差异。当然，生育观也有其相对独立性，可能落后于社会存在，与社会经济的要求不一致。

　　生育观的内容主要包括：生育的动机和目的；理想的子女数量；性别偏好，即对所生子女性别的要求；生育年龄和间隔的要求；生育方式和生育态度等。

　　不可回避也不可否认，当前，我们正经历着生育观念的巨大变化。我国的传统观念把生育，也就是我们通常说的传宗接代放在非常重要的位置，这样的价值观正面临着挑战。

　　有些青年人不想生孩子，又感觉对家庭对父母心存愧疚，并因此陷入内心矛盾之中。有的青年情侣因为生育意愿不一致而分道扬镳。有的青年夫妇在是否生孩子的问题上争执不下，陷入痛苦之中，甚至最终感情破裂，以离婚收场。还有不少青年人，在没有走进婚恋的时候就在纠结将来的生育问题。如此种种状况，让人揪心。

　　个人建议，与世界观、人生观、价值观和婚恋观一样，应及早地对生育观进行引导。生育观作为社会存在的客观反映，具有显明的时代性，个人的生育观不仅要传承传统，而且应当顺应时代的发展趋势。

首先，从国家的视角看，青年学生要与时代同呼吸、共命运、齐步伐。当前，我国已经步入老龄化社会，同时也已经开启了全面建设社会主义现代化国家的新征程，到2050年将"全面建成富强民主文明和谐绿色的社会主义现代化国家"，实现中华民族的伟大复兴。国家繁荣昌盛的光辉历程让我们坚信，国家的伟大宏愿一定会实现。

青年学生不能辜负这个伟大的时代，应以实际行动参与这个伟大时代的伟大创举。青年人在投入祖国建设的同时，在力所能及的前提下生育一个或两个孩子，当自己迈入中年的时候，孩子又可以接续任务参与到祖国的建设中。我们国家之所以能从战乱、贫穷发展到今天的欣欣向荣，正是无数的家庭积极顺应时代潮流和响应国家生育政策而造就的。

其次，从家庭整体的视角看，当下的家庭大多祖孙三代甚至四代同堂，曾祖辈、祖辈都经历了多子多福的岁月，他们对现在家庭里新生命的诞生非常期待。虽然青年人有自己的生育权，可以按照自己的意愿选择不生育，但这样的选择在客观上会给原本幸福的家庭带来伤害，影响家庭和谐。

第三，从个人发展的视角看，生育孩子才能从生理和心理上成为真正的父母，真正体验天伦之乐。给予一个新生命出生的机会，让这个生命有了无限种可能，也给社会注入了一股新鲜血液，增加了一份力量。

我国有一句老话，"生儿方知父母恩"，生儿育女才能将自己感受到的伟大的父母之爱传递下去。人不仅是高级感情动物，也是高级哺乳动物，不经历婚姻、生育，他很难成为一个全面发展的人、一个真正成熟的人。孩子的到来为父母带来更多前行的动力、克服困难的勇气和深刻、完整的情感体验。

养育孩子的过程同时也是感受喜悦、体验幸福的过程，是享受孩子的成长所带来的成就感的过程，这种幸福感受无法用言语来表达，也不能用自己的付出去等量，父母与孩子相处相依的喜悦和幸福是其他任何情感无法替代的。个人认为，最深刻最持久的幸福感，不是来自个人的轻松、自由、无所羁绊，而是来自被社会或他人需要、认可或赞同。我建议新时代的青年学生去追逐这样的幸福。

以上就是我对生育观的分析，以及我建议大学生应该树立的生育观，同时，这也是我在四十不惑的年龄选择生二宝的原因。当然，我们必须承认女性在生育中的付出特别多，建议尊重女性的选择，减少女性对生育的恐惧和排斥。

我为什么要做大学生婚恋教育

　　大学生婚恋观的塑造不仅事关青年的成长，更关涉现代化强国建设目标的实现。不仅国家层面高度重视，社会大众以及专家学者也在积极呼吁，加强大学生婚恋观教育势在必行。

　　从事大学生辅导员工作的我，一直在思考和关注大学生的婚恋教育，并尝试着力所能及地做一点有意义的事。

　　在开展大学生情感沙龙、心理咨询、婚恋课程学习的过程中，我了解到部分学生在婚恋方面的困惑、忧虑比较多。有经历过感情失败而对婚恋悲观的，有目睹父母婚姻中的坎坷而对婚恋不积极的，有因为身边的婚恋乱象而对婚恋产生怀疑的，有因家庭经济或颜值一般而对婚恋不自信的，有因自己崇拜的偶像婚姻失败而不相信爱情的。有因不擅长交流、不能妥善处理同恋人的矛盾而苦恼的，有苦于不能与喜欢的人处在同一个频道的，也有恋爱中自我意识强而利他精神淡薄的，失恋而迟迟不能释怀的，暗恋而没有勇气表达的。

　　大学生遇到情感困惑时，绝大多数情况下都不愿意向师长倾诉，而是选择自己消化。其实，在青年时期，遇到一些情感困惑也是再平常不过的事情，我们不用大惊小怪。但是以下几个现象值得我们重视。

　　一是，在应试教育以及网络时代的背景下，学生对网络环境更加依赖，面对面的人际交往机会锐减，社恐现象明显增多。另外，现在的大学生多为独生子女。这些情况导致大学生与异性同龄人的接触减少，人际交往能力趋弱，性格张力和应挫能力下降。

　　二是，由于婚恋教育缺席，婚恋"异化"现象正迷惑着青少年的双眼，也可能把他们带偏。这一点极其让人担忧，大学的这片净土里也难免有恋爱"异化"的现象存在，给高尚纯洁的爱情蒙上了一些阴影。

三是，高离婚率正瓦解着青少年对婚恋的信心。其实，别人婚恋的失败跟自己无关。在我看来，一对伴侣之所以离婚，一定能在他们自身的素养或理念中、在恋爱或婚姻中、在家庭人际中找到某些原因。我们首先要把精力放在从灵魂到能力的提升与完善上，放在拓宽自己的朋友圈上，放在追求另一半时的果敢中。

四是，社会中存在着将婚恋物化的倾向，世俗观念过于看重经济条件、家庭背景和颜值长相。以当前经济社会发展的趋势，以及自身的教育背景，大学生完全有充分理由抛开经济条件和家庭背景以及长相，"走心"地去恋爱。

五是，大学生缺乏婚恋家庭素养。想恋爱了，应该选择什么样的伴侣；恋爱了，怎样将恋爱进行到底；走进婚姻了，怎样经营家庭；到了婚育年龄，我们为什么要生孩子；生了孩子，我们又如何去教养；与对方的原生家庭有矛盾了，如何去化解；如何去管理共同的家庭财务……这些都让他们困惑。

以上就是我为什么要做大学生婚恋教育的原因。大学生众多的困惑，确实需要更多的师长带着使命和责任出发。哪怕我们发出的是微弱的"萤火"之光，也足以照亮少数人前行。

特别是近年，我创建了"红梅引航"辅导员网络工作室，将大学生婚恋咨询指导、家庭教育作为主要研究与实践方向，开辟婚恋原创专栏、撰写网络文章，开设婚恋讲座，开展婚恋沙龙，首次开设了"大学生婚恋家庭素养教育"公选课，同时出版这本专著。

自己在工作之余忙得像个陀螺，起早熬夜码字成了生活中的常态。我给自己准备了一个推文单，专来记录头脑里闪过的灵感或想法，上了单子的就抽空写出来。我常常哄着自己，"这几篇写完可以歇一阵子了"，结果一次咨询、一次交流又会赋予我新的灵感。有时有了一个想法，却一直没有时间写，就会有放心不下的感觉。

其实，做婚恋需要勇气，也需要"厚脸皮"。因为在传统观念中，婚恋是个人私事，但事实上需要更多正能量的人为青年的婚恋保驾护航。

青年人的婚恋已得到社会的重视，我相信会有越来越多的人关注这一领域，更多的青少年将拥有幸福的婚恋。

恋爱期间的经济"原则与约定"

　　刚开始恋爱的人,可能都不喜欢拿经济说事,感觉那样"俗气"且"伤感情",往往只是简单遵循传统做法,让男孩子多负担些。但是,时间长了,双方可能都会觉得不合适。男孩可能会想,凭什么都要我付钱,买东西买得不对了,还要被埋怨乱花了钱;女孩也嘀咕了,好像自己想占便宜似的。因此,为了避免类似的不平衡心理,双方需要确立经济上的"原则与约定"。

　　有不少的情侣因为经济原因而分道扬镳。恋爱讲究磨合,其中消费理念及习惯是一个重要的方面。从这一角度来看,谈"经济账"是绕不过去的话题、躲不过去的坎。

　　要算清恋爱中的这个"经济账",需要确立恋爱关系的"经济原则"。个人认为,恋爱期间的经济原则包括四个方面:有言在先原则、平等原则、共同体原则、主辅相结合原则。

　　一是有言在先原则。有言在先原则是指两个人基本确定了恋爱关系后,需要对关系维系期间经济方面的细节进行协商,以统一思想,避免因消费习惯不同而产生矛盾或隔阂。

　　二是平等原则。平等互爱是爱情的首要特征,真正的爱情是双向奔赴、彼此成全、成就更好的自己,反之则是极大内耗。因此,平等原则也适用于处理恋人之间的经济关系。双方应平等分担相关消费,经济上彼此独立,使爱情尽量不受经济因素的牵制与影响。

　　三是共同体原则。恋爱期间,双方有事好商量,形成共同议事的意识。另外,在婚恋的不同阶段经济运行模式也应不同。个人建议,缔结婚姻之后,家庭财产实行统一管理,把两个人的收入除去个人必要的开支后,将可储蓄部分进行合并,由一个人具体负责,大额支出由双方协商确定。这种模式增强了个人对家庭的责任感和承担家庭义务的成就感,更有利于家庭的和谐稳定。

四是主辅相结合原则。主辅结合指恋爱期间产生的经济开销主要由两人共同承担,一些用于向对方表达情感的小开销需要在经济能力范围内由发起方承担。

恋爱期间的经济原则已经明晰,现在我们来谈谈具体约定。出于传统习惯,一般男方会积极主动地承担恋爱期间的花销。鉴于这样的情况,建议经济约定的话题由女方主动提出,这样既不失男方的慷慨风度,同时又亮明了女方平等独立的消费思想,也更便于执行。

我建议的做法是,两个人共同建立一个"恋爱账户",形成"情侣临时账户",双方商量好每一个月或两个月,同时转入同样数额的现金。两个人的公共消费从中支出,待账户里的钱快用尽时,双方再同时转入同样数额的现金。

这样的运行策略,远比由一方承担或 AA 制科学合理,流程简化、透明而且避免了很多尴尬,此外还具有四个显著优点。

一是这种"情侣临时账户"机制给人一种"过家家"的感觉,可以加深感情,有助于爱情行稳致远。

二是彼此会更加珍惜这份共同财产,有利于营造节俭的生活氛围。

三是减少了攀比、猜忌、依附、愧疚等各种心理消耗。

四是避免了经济纠纷。一旦恋爱中断,彼此分道扬镳,也不至于留下经济方面的后遗症。

实施经济约定策略,不仅需要掌握正确的理念,熟悉四个原则,也要明白这种策略的显著益处。只有这样,才有勇气和信心努力达成并落实这样的约定。在具体实施过程中,要注意三个方面。

一是经济约定的时机有讲究。在初次见面与最初的交往中,双方正在尝试寻找共同"频道",捕捉心灵感应,是不适宜提出经济约定的。恋情进入稳定期,明确了恋人关系,便是时机成熟之时。

二是要讲透经济约定的深意。本约定需要由一个人主动提出来,这个人需要做好对方的思想工作,做好解释工作,统一思想,避免产生误会,否则不仅约定执行不下去还会因此而影响感情。

三是应先明确经济约定的细节。需要在两个人当中指定一个人来牵头管理账户,并明确其他细节,以免在落实过程中引起不必要的矛盾和误解。

爱情是一种艺术更是一种能力

　　首先,什么是爱情呢? 爱情是指生理、心理成熟到一定程度的个体对异性个体产生的强烈依恋、亲近、向往,以及无私、专一并且无所不尽其心的情感,是人与人之间相互吸引的最强烈的形式之一。

　　爱是主动给予,而不是被动接受,它体现为对对方的关怀。爱情道德观集中体现为"责任"这两个字,既对自己负责,同时也要对对方负责。

　　其次,爱情是一种艺术。在此,我诚恳推荐美国社会心理学家和哲学家弗洛姆的著名作品《爱的艺术》,这是一部关于爱情的经典之作,非常值得我们学习和借鉴。在弗洛姆看来,爱情不是一种只需投入身心的感情,而是一种需要努力发展自己的全部个性的创造倾向,否则,一切爱的尝试都可能会失败。如果没有爱他人的能力,不能谦恭、勇敢、真诚、自制地爱他人,就不可能得到满意的爱。弗洛姆提出,爱是一门艺术,想要掌握这门艺术的人,需要有这方面的知识并付出努力。既要学习爱的理论,也需要在爱的实践中提升自己爱的方法和技巧。

　　爱情本该是一种艺术,但很多人在对待这种艺术时,并没有意识到爱是需要学习的,爱的能力是需要提升的。

　　第三,爱更是一种能力。弗洛姆认为,爱并不是一种任何人都能够轻易沉迷其中的感情,不管你个人达到的成熟程度如何,如果没有爱自己身边人的能力,没有谦虚、勇气、忠诚、自制能力,就不可能获得满意的爱。

　　所以爱并不容易,我们需要认识到实现爱的种种困难,不能轻易地把一见钟情或坠入情网的经历当作"永恒"的爱。当然,一见钟情的爱可以"永恒",但需要足够的能力去维持和发展。

　　青年学生通常陷入两个误区。一是把爱看作"被爱的问题",而不愿意把爱看作"爱的问题",实际上,更不愿意把爱看作"爱的能力问题"。二是常常认为爱

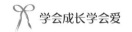

是简单的,困难的是寻找到爱的对象。

第四,爱的能力不足将导致感情难以"保鲜"。爱的能力不足具体表现为:不懂得如何与异性相处;喜欢两个人在一起,却总是无话可说;不善于通过语言、态度和表情去表达;不懂得倾听;不懂得关心伴侣,更注重自己的感受;不注重营造有利于交流的情境,可能认为一杯奶茶就足够了;不能让另一方感受到自己内心的爱;不懂得浪漫,认为"花高价钱买一朵玫瑰送给伴侣,还不如买一斤猪肉回来煮了吃";注重物质方面的满足而忽视精神或心灵层面的交流,没有培养"灵魂"伴侣的意识;面对两个人之间的矛盾或冲突,不是诚恳反思自己,积极寻求解决,而是选择赌气、冷战或逃避;对恋人以及两人间的感情不信任,容易因外界干扰而摇摆不定。

走进婚姻建立家庭后,爱的能力不足主要表现在:误认为爱情仅存在于青年时代,对其他时期如何维系"爱"没有想法和办法;不善于协调家庭矛盾,没有为对方解忧;没有足够的能力协调家庭、育儿与工作之间的关系;不能与伴侣形成一致的持家育儿理念;不能形成稳定的家庭合作模式;伴侣不能彼此成全,不能在事业上协助对方;不懂得尊重互爱,分歧和争吵比较多等。

是否具备爱的能力直接关系到能不能找到适合自己的那个人,直接关系到能不能将"一见钟情"升级为"持久的爱",直接关系到个人的幸福、家庭的美满及孩子的优质养育。

所以,追求爱情首先应该关注的不是被爱,也不是能否找到一个对象的问题,其落脚点、关键点在于"是否有足够的爱的能力"。

第五,注重爱的能力提升。爱的能力由知识、思维、品德、格局、情商、健康等因素组成。它要求以最大的勇气去克服个人的自私、自卑、自负、偏执;它要求以最大的诚意,正确处理个人与家人、朋友、社会、世界以及大自然之间的关系;它有四个前提性条件:"自律""专注""耐心""高度重视"。

爱的能力关乎一个人的一生能否幸福,虽然它主要指个人能力,但是这种能力的高低对家庭和社会至关重要。应当在高等教育中涉及这一问题,让更多的青年学生增强意识、接受专题教育。当前结婚率降低、离婚率走高、生育率不振、家庭教育问题频出,都与人们不重视提升爱的能力有一定关系。

我认为,爱的能力提升不仅能有效助力婚恋的幸福,而且可以有效助力个人事业的成功与个人价值的实现,是每个人都要去关注的"幸福密匙"。

怎么去做呢?

一是学会博爱。如果我们确实爱一个人，那么我们也要爱其他人，爱世界，爱生活，爱大自然。这样我们就会具有责任心，对所有人予以关心和尊重。

二是不纠结于自己能否被人爱，也不纠结于爱的对象，而是关注自己有没有能力去爱，努力把"被别人爱"变成"爱别人"，变成"有能力创造爱"。

三是坚守道德底线，确保恋爱时的目标是正确的。真正的爱情在于相互尊重与关心，而不仅是金钱与甜品的付出。

四是责任、自律、专注、耐心、高度重视，这些要素是驶向"持久之爱"的五驾马车。相信每个人对这五个词都非常熟悉，也愿意按照这个方向去改造自己。

爱情是一种艺术更是一种能力。为了抓住美好的爱情，建议从此刻开始：自我评估、自我反省、自我改造和自我突破！

恋爱技巧之"秘籍"

　　爱情是永恒主题。谈一场甜蜜的恋爱，是很多人的梦想，实现这样的愿望，我们需要积累一些恋爱技巧。

　　首先，秉持正确的爱情理念。爱情理念是恋爱的指导思想和行动指南，一旦拥有了正确的爱情理念，恋爱技巧便了然于心。"爱既是一种艺术更是一种能力"，希望这句话可以成为大家的爱情格言。爱的能力包涵责任、自律、专注、耐心、高度重视这5个方面。

　　责任是道德、担当和格局，责任心强的人给人以真实的安全感。自律是自我约束、自我要求、严于律己宽以待人的良好素养。专注是爱的能力的核心，充分尊重、全心全意。耐心是持之以恒，表现为冷静、成熟、坚韧的气质，体现了一定的胸怀和格局。高度重视即视对方如珍宝，对每句话如"圣旨"，对每个表情仔细留意，对其喜怒予以积极回应的态度。

　　其次，追求异性、打动芳心的技巧。一是初步了解并试探。自己喜欢或仰慕的人一旦进入视线，建议先从正面和侧面了解一下对方的基本情况。接着尝试寻找接近对方的机会，并给其留下好感。比如，礼貌地嘘寒问暖，试探对方对自己的印象；或者，咨询一些问题，如果对方对你有好感或者不反感，对方也会乐于回应。

　　二是大方地夸奖或赞美对方，并留意对方的反应。如果对方暗示"没戏"，也不要一下子沮丧，或许对方是想考验一下你。也或许，你不是对方一见钟情的对象，他心里还不能一下子接受，这时你需要创造一些机会，让他慢慢地认识你。

　　三是向相关的人借力，通过相关人去做思想工作。当年的"学霸"马克思为了追求到比自己大四岁的"美少女"燕妮，实施了经典的三步走计划：第一步，写情书。燕妮用一种幽默委婉而又不失聪慧的方式拒绝了马克思的求爱。马克思有些心灰,但并不意冷,采取了迂回战术。他迅速和燕妮的好友和弟弟打成一片,让燕妮身边的人都为他"美言"。

四是激情表达,打动对方。马克思追求燕妮的第三步计划就是写情诗。马克思用严谨而精练的语言在短短数月时间内为燕妮写了三本诗集《爱之书》(一、二)和《歌之书》,这种锲而不舍的投入、美妙而激情的表达,最终俘获了燕妮的芳心。

第五类技巧是可以升级甜蜜的爱情的恋爱技巧。一是给对方制造小惊喜和小浪漫。比如制作一个特别的礼物暗藏在衣服或包里,待时机成熟时呈给对方,亲自制作的小卡片、采摘的小花朵也可以给对方带来小惊喜。小浪漫是恋爱的必要调味品。比如约会的方式、地点、内容都可以融入浪漫的元素。在特殊的日子里,浪漫细节更不能缺少。

记住对方的生日以及其他特殊日子,如双方初见的日子,每逢这些重要的纪念日创造小浪漫和小惊喜。让对方体会到,你很在意他,他在你心里的位置很重要,对方心情也会因此愉悦。

六是耐心而积极地倾听对方。不耐烦或随意打断都是不尊重、不理解、不共情、没有同理心的表现。耐心、积极地倾听对方可以表现出大度的情怀和优雅的人格,让对方觉得自己值得托付终身。表达不同观点时要选择合适时机。当对方带着不良情绪向你倾诉,你又急着把不同的观点全盘托出,就很有可能让对方的不良情绪升级,产生冲突。

双方可以协商设立"豁免交谈"时间,这段时间属于公平探讨的阶段,双方都要平心静气。

七是在学业上相互支持。比如,在同班的可以约定一起学习,不在同班的可以约定联系的时间段以及时长,确保学习不受影响。

彼此支持、依赖而不依靠,在爱情力量的激发下获得成长,使学业和事业同时取得长足进步。

八是给予对方无私的爱。无私的爱最能打动人,暗藏任何其他意图,都可能会让人心生怀疑,缺乏安全感。即使婚恋离不开经济条件,也不能把爱情和婚姻过分功利化、物质化。

九是处理好恋人与家人之间的关系。在恋爱中,要懂得倾听父母的意见和建议,避免以下两个极端:

一是"耳根软",全听父母的,没有主见。主意变得比"翻书"还快,让对方无所适从,心力交瘁,感觉不是在跟你一个人谈恋爱,而是跟你的全部家庭成员谈恋爱。

二是"耳根屏蔽",父母的话全然听不进去。这样也很不可取,既不利于家庭和谐,也不利于自己的成长。

"最远的距离"最可能存在于恋人之间

　　有一种距离存在于两个人之间,近在咫尺却遥在天涯。

　　这种距离无关财富与身份,无关相貌与体型,无关家庭与地位。恋人之间的距离最终取决于两人是否能够顺畅沟通、相互依赖、同频共振和相濡以沫,如果都做到了,哪怕是相隔千里,两人也会心心相印,开心幸福,无距离感;如果做不到,你就会感觉对方遥不可及,心里空落落冷清清的。你们必须努力去逾越这样的距离,原因很简单,人生从来就不只是坦途与美景,总有挑战与荆棘丛生,两人要么越走越近,要么将渐行渐远。因此,需要正视距离。

　　首先,要理性地感知距离。如果恋人之间产生距离感,需要及时进行情感评估。恋爱的过程是逐渐打开心灵的过程,也是彼此磨合的过程,恋人之间的磕磕碰碰、小误会、小摩擦是不可避免的插曲。如果这种距离无法逾越,那么就不建议将就着朝前走,可以选择好聚好散,各奔前程,否则就是彼此消耗。

　　其次,要努力缩短心灵的距离。如果发觉彼此的沟通不足,就应高度重视了。无论是恋爱也好,婚姻也罢,维系情感的关键就在于心灵的互通。人们都说,婚恋是需要经营的,意思就是维系婚恋不是一件容易的事情,不仅需要用心、用情、耗费精力,而且还需要技巧。一声温情的问候,一个浪漫的小动作,一个心领神会的眼神,甚至一句安慰,这些就是"爱情密码":我深深地爱着你。

　　幸福是奢侈品,每个人都梦想着自己能够幸福;幸福又不是奢侈品,心心相印的伴侣也许并不拥有很多财富,也并没有显赫地位,但他们一定是乐于沟通的。

　　第三,要努力成为彼此的灵魂伴侣。灵魂伴侣有着共同的想法、共同的爱好、共同的目标；他们相濡以沫，共叙情怀，浇灌彼此的"精神花园"；他们之间没有距离，只有默契与和谐。

最后，学会保持一定的独立。缩短彼此的距离，并不是相互依附，建议保持独立的人格及精神家园。

别让"世俗"怠慢了爱情

我们正在经历的时代是一个整体上富足和幸福的时代。随着高等教育的普及化,青年人追求高学历的意愿日益强烈,进入婚恋的时间明显延迟。同时,随着择偶观的变化,恋爱和婚姻的门槛提高,世俗观念对于爱情的干扰越来越强,这应引起全社会的关注。

举几个恋爱和婚姻被世俗观念"怠慢"的例子。比如,一对男女青年瞅得蛮对眼的,但深入交流后,女孩子心里犯愁了,男孩子家庭经济不好,在城里没房没车,自己可以无所谓啊,但父母那关怎么过啊?继续相处吧,做通父母的思想工作没有那么容易。不相处了吧,后面还能遇见这样好的小伙子吗?

有的父母希望孩子的对象是本地的,甚至对子女对象的身高、长相、学历、职业及其父母的职业、健康状况、社会地位都有明确要求。

有的父母严禁孩子在大学时代谈恋爱,孩子遇到了自己中意的人却纠结于是否要表白,迟迟未有行动,眼看着错过了良机,留下遗憾。

再例如,孩子们"地下"恋爱数年,感情基础已经很牢固,到了谈婚论嫁的阶段了,却由于双方或一方家长不同意,没能走向婚姻,这其中掺杂着多少苦楚和无奈啊。

还有的父母主张要等买了房子、彩礼凑齐了再结婚;上门礼或者嫁妆没有达到预期,父母就会觉得"没有面子";双方对于将来孩子随谁姓没有达成一致……

大家的出发点都是为孩子好,只不过"以人为本"的理念还是拗不过"面子"。

父母充分体谅子女,给予他们支持和关怀,根据孩子和家庭的实际情况给出建议。只要小两口人品端正、感情深厚、琴瑟和谐,建议支持他们恋爱、水到渠成地步入婚姻。至于其七大姑八大姨、关门过节的事情完全可以"移风易俗",不作为主要参考。2019 年 3 月 8 日,习近平总书记参加十三届全国人大二次会议河南代表团审议讲话时强调：大力推进移风易俗，培育文明乡风、良好家风、淳朴民风。我建议在婚恋方面，"移风易俗"的步伐还应跨得再大些。

我时常在想，一方面，要更加重视对婚恋观的正确引导，这一点极其重要，大量的工作亟待开展；另一方面，全社会也应该为青年人的婚恋创造更为宽松的环境。恋爱结婚是人的基本权利，真心相爱的两人有权利决定自己的幸福，他们的感情也应该得到尊重和认可。我们的祖辈、父辈们在极其艰苦的条件下，结婚生育，不仅告别了吃不饱穿不暖的境地，而且盖了房子买了车子，甚至将一堆"熊孩子"拉扯大、成家立业。因此，建议大家用长远的眼光、积极的态度，来引导和对待青年人的婚恋，他们自己觉得好就好。

青年人在自己买的房子里结婚固然很好，但租房结婚也无妨；结婚可以不要礼金，不做"面子工程"；可以选择旅游结婚，在小范围宴请亲朋；可以生两个孩子，大宝跟爸爸的姓，二宝跟妈妈的姓，孩子也有个伴；结婚后，创造属于自己的空间，任何事情两人商量着办；善待父母，有能力出资给小家庭的父母是功臣，没有能力给予经济支持的父母也是功臣，父母有贫富，但是人格平等，都应该得到子女公平而良好的赡养。幸福的婚恋才能营造和谐的家庭氛围，形成良好的家风，在这样美好的家庭氛围中，家庭成员才能获得真正的身心愉悦。以爱的名义，请"世俗"让路，使美好的爱情开出幸福之花吧！

对于"催婚"的思考

　　不少大学生坦言,自己正在遭遇父母"催婚"。很多父母期望孩子尽快找到恋爱对象,及早走进婚姻殿堂,个别父母对孩子的这种期待非常强烈,而且极力催促。

　　首先,我们来简单分析一下父母"催婚"的原因。一是,在价值观层面,父母把家庭放在很高的位置,认为男大当婚女大当嫁。二是,由于结婚的成本提高,一些青年人想先有事业再有家庭,因此对婚恋抱有"消极"态度,让父母产生了不同程度的担忧。三是,青年人的结婚和生育年龄逐渐推迟,部分大龄青年在婚姻方面高不成低不就,加重了父母的担忧和焦虑。

　　其次,我们来看一看孩子对父母"催婚"常见的反应。半数孩子能理解父母的苦心,在父母的督促提醒和积极支持下,把找男朋友或女朋友提上自己的"议事日程",积极留意身边的适龄青年。部分孩子把父母的"催婚"当作"耳旁风",选择屏蔽父母的催促,坚持自己对于学业、职业和人生的规划,保持自己的节奏,待自己认为条件成熟时再走进婚恋。第三种情况是父母的"催婚"产生了相反的效果,让孩子产生心理负担和逆反心理,父母催得越甚,孩子越对婚恋排斥。

　　在这样的情况下,父母"催婚"不成,反而造成了与孩子之间的巨大隔阂、交流鸿沟:父母联系孩子或坐下来交流,三句话不到,自然转移到"你该谈朋友啦""什么时候结婚啊";孩子每每想要联系父母,想到父母可能会"催婚",拨动号码的手指便戛然而止,久而久之,婚恋成为尴尬的话题,影响家庭的和谐。

　　以下就是我对父母的建议。最重要的建议是,及早树立孩子的婚恋观。树立婚恋观本身就像种树一样,是一个循序渐进、逐步"成长"的过程,需要父母在孩子小时候就加以正确的引导。如果从小开始,父母就帮助孩子逐步建立起正确的婚恋观,那么当孩子长大,有了独立意识,在他的内心深处,他就会明白父母的期盼。

婚姻与恋爱是无法越俎代庖的,第二个建议就是与孩子进行一次促膝长谈,了解孩子的想法和打算,解答孩子内心关于婚恋关系的困惑,交换想法,形成共识。有效的沟通永远都是解决问题的灵丹妙药,有了这样的深入交流,父母一定会把婚恋自主权交给孩子自己。

第三个建议是体谅孩子,学会换位思考。"必须把自己的想法在孩子面前说出来,哪怕这些话说过千遍百遍还是要说",这是一个非常糟糕的做法。父母要明白一个道理,青年人面临的挑战很多,正处于学业和事业发展的重要阶段。况且,婚恋不是一个人的事,这需要心理准备、外部条件准备,同样也需要机会和缘分。

第四个建议是,当孩子对父母的"催婚"非常反感时,父母要学会"闭嘴不谈",否则会给孩子带来压力,起到负面效果。

总之,父母应及早帮助孩子树立婚恋观,及时进行有效的沟通,学会换位思考,避免在孩子面前啰嗦唠叨,再心急也一定要考虑孩子的感受,指引正确的方向,破解"催婚"的尴尬。

当代大学生婚恋存在的问题及教育对策

恋爱与婚姻是人生的必修课。当代大学生受多元文化的影响,自身不够成熟,对恋爱与婚姻的本质和内涵认识不足,在婚恋方面面临着诸多困惑,因此有必要加强对大学生的婚恋观教育。

(一) 存在的主要问题

20 世纪 90 年代后期,大学取消"禁止在校恋爱"的校规以后,大学生步入了一个恋爱自由的新时代。随着经济的快速发展,受多元文化的影响,大学生的婚恋观也呈多元发展的趋势,传统婚恋观面临严峻挑战。

当代大学生的婚恋观主要存在三个方面的问题:一是恋爱动机不纯。有调查显示,男大学生排在前两位的恋爱动机是爱情、孤独;女生排在前两位的是孤独、爱情。部分学生的动机在于追求对方的姣好外表、家庭财富和地位。可见,大学生追求爱情仍是主流,但因孤独和外因刺激而恋爱的人也不在少数。二是恋爱责任心不强。"责任"是中国传统婚恋观中最重要的价值取向,部分大学生抱着满足个人私欲的心理,不仅伤害了别人也出卖了自己,违背了道德要求。三是性观念随意。30%的大学生对"性解放""性自由"持认同态度,追求性体验和性刺激的欲望增强,对性放纵采取不负责任的态度。四是从众和攀比心理盛行。"别人恋爱了,我不恋爱就落后了""别人能同居,我们也试试"。在从众和攀比心理下建立的恋爱从一开始就注定了将以失败告终,而且将受到道德的谴责。

爱是一种艺术,也是一种能力。在涉足婚恋前,首先要了解自己、了解恋爱和婚姻的真正含义,同时掌握一定的恋爱技巧。事实上,很多大学生对婚恋缺乏深刻的认识,恋爱具有盲目性,因此成功机率小。调查中,对自己恋爱能力的评价,选择"一般"的学生占 44.03％;选择"非常自信"的学生只有 8.21％。缺乏婚恋基本知识、对异性的了解和恋爱技巧导致了大学生婚恋能力薄弱。

(二) 加强婚恋观教育的必要性和紧迫性

婚恋观作为大学生世界观、人生观、价值观的重要组成部分,不仅生动地反映出当代大学生的思想道德、时代精神、自我认知和心理特征,而且深刻地影响着大学生的健康成长和成人成才。斯宾塞认为教育即为人的完美生活做准备。因此,加强大学生婚恋观教育是教育的本质要求,也是高等教育遵循科学发展观的必然要求。

加强婚恋观教育是学生和谐发展的基础。马克思认为教育目的应该是人的全面发展。全面发展也指向大学生未来走向社会后,作为一个社会人成功扮演和发挥全部角色与功能,成功实现从"校园人"到"社会人"的转变。婚恋作为生活中最关键的部分之一,关系着大学生未来事业的成败、生活的幸福乃至人格的全面发展。

加强婚恋观教育是构建和谐家庭的前提。家庭是人们的避风港,是孕育、培养下一代的摇篮。大学生未来建立和谐家庭既是个人之追求,父母之期盼,也是社会赋予的重要责任。托尔斯泰说所有幸福的家庭都十分相似;而每个不幸的家庭各有各自的不幸。很多家庭在"婚姻囧途"上颠沛流离,品尝婚姻失败带来的苦果。可见,婚姻关系的构建、维系和修复,都是大学生迫切需要学习和掌握的。只有加强婚恋观教育,才能有效地帮助他们构建未来的幸福家庭。

加强婚恋观教育是建设和谐社会的要求。积极健康的婚恋在建设社会主义和谐社会中发挥着举足轻重的作用。一方面,婚恋关系决定了社会成员的幸福、社会的和谐。另一方面,和谐的社会氛围、正确的道德示范和舆论引导都将给大学生的思想和行为留下深深的烙印。因此,建设和谐社会迫切需要加强大学生的婚恋观教育。

(三) 建议与对策

1. 以科学发展观为指导,切实加强大学生婚恋观教育

科学发展观的第一要义是发展,核心是以人为本,基本要求是全面协调可持

续发展,根本方法是统筹兼顾。科学发展观是中国特色社会主义理论体系的重要内容之一,也是人们发现问题、分析问题、解决问题的方法论,对高校思想政治教育和人才培养具有十分重要的指导意义。婚恋观教育作为思想政治教育和人才培养的最重要内容之一,必须以科学发展观为指导,以实现大学生的全面协调可持续发展为目标。

2. 统筹兼顾,形成教育合力

高校在引导大学生学习科学文化知识的同时,要关注大学生的全面发展。婚恋观和婚恋能力很大程度上决定着大学生未来的幸福和发展。婚恋教育虽然至关重要,却又极其容易被人们忽略,而且必须针对个体差异因材施教,因此,需要形成全社会齐抓共管、凝聚成合力的局面。

一是统一思想,提高认识。教育主管部门、高校和家长应高度重视大学生婚恋观教育,改变一直以来的"婚恋根本用不着与教育挂钩"的错误认识。

二是教育工作者要树立正确的教育观念。"师者,所以传道受业解惑也。人非生而知之者,孰能无惑。"教育工作者理所应当在大学生婚恋教育中发挥主体作用,彻底改变长期以来婚恋教育是"羞于启齿的"的观念。

三是营造良好的舆论氛围,强化教育效果。当前,影视网络媒体宣传的婚恋观念鱼目混珠,由婚恋问题引发的案件层出不穷,婚恋"新时尚"应接不暇,使大学生难以分辨和甄别。倡导影视和报刊等大众媒体积极营造良好的社会舆论,大力发挥思想导航和文化引领的作用,积极主张和宣扬正确的婚恋思想,削弱不良思潮给大学生带来的消极影响。

3. 以人为本,优化教育方法

以人为本是马克思主义的一项基本原则,是科学发展观的理论内核。以人为本体现在婚恋教育方法上,就是把尊重生命作为根本宗旨,使人乐于接受、使人获得最大收益。

一是环境育人。首先,美好的校园环境可以陶冶情操,开启智慧。要努力构建生机勃勃、积极健康的校园文化氛围,根据大学生的生理和心理特点,通过专题讲座、健康的影视、优秀的书籍杂志等对大学生进行正面的引导。努力做到"以科学的理论武装人,以正确的舆论引导人,以高尚的精神塑造人,以优秀的作品鼓舞人",用先进文化来占领大学生的思想文化阵地,使大学生在各种形式的教育中受到"真、善、美"的熏陶,形成正确的恋爱观。其次,健康有益的校园文化生活也是消除大学生的孤独感、培养健康情操、强化道德约束力的良好方式。第三,良好的校园文化建设使大学生有机会接触到更多的学生群体,有利于他们开阔视野,确立积极健康的婚恋观。

二是课程育人。早在1963年,周恩来总理就高瞻远瞩地提出了在青年中普及性生理知识的要求。当前,为了使大学生对婚恋知识、道德和技巧有全面系统的了解,婚恋观教育进课堂势在必行。但纵观全国,目前只有部分高校开设了性教育课程,婚恋教育进课堂还有很长的一段路要走。婚恋教育来不及等待,教育主管部门和高校应积极行动起来,尽快将婚恋教育纳入教育教学体系,从教学人员和设备、教学大纲和学术研究等方面提供保障,帮助大学生掌握婚恋知识、正确对待两性性关系,让高校真正成为大学生实现健康发展、养成创造幸福人生能力的场所。

三是同伴教育。与其他教育不同,婚恋教育通常是很多敏感话题的组合,传统的以教师为中心的教育方法会影响教育效果。关于婚恋教育的方式的问卷调查表明,8%的大学生选择"与传授其他知识一样,采用以教师为中心的课堂讲授",23%的学生选择"以老师为中心的、以同学参与为主的方式,包括多媒体、讲故事、做游戏、提问等",67%的学生选择"由掌握这方面知识的同龄人来组织进行"。婚恋教育采用同伴教育的方式可能比较容易取得好的效果。发源于澳大利亚、流行于西方国家的同伴教育,就是在学生中挑选有一定的号召力、影响力的学生,作为同伴教育者,教师对这些学生进行统一培训、考核。全部教育活动均由同伴教育者组织实施,教育方法以参与式为主,包括理论要点介绍、案例分析、现场演示、小组讨论等。同伴教育方式易于被大学生接受,也易于推广,是大学生自助助人的好途径。

四是咨询服务。心理咨询也是大学生婚恋教育的一个重要阵地。课堂教学是为了解决大学生遇到的普遍问题,而心理咨询则是为了解决大学生婚恋问题中遇到的特殊问题。心理咨询能够为大学生提供有针对性的个性化指导,不仅有助于解决大学生的心理困惑,而且可以及早发现和及时制止可能发生的极端事件。

五是加强观念教育,为成功的婚恋"助力"。一要让大学生懂得爱之真谛。了解爱情和婚姻的真正含义,是婚恋教育的开始。居里夫人说"如果一个人把生活兴趣全部建立在爱情那样暴风雨般的感情冲动上,那是会令人失望的。"爱情的核心在于给予。这种成熟和无私的爱包括四个要素:一是有为对方做出牺牲的意愿;二是有责任心,相爱的双方能够同舟共济,渡过激流险滩,登上爱河的彼岸;三是相互尊重,爱绝不意味着改变对方以适应自己的需要,而是彼此尊重,求同存异;四是,有效沟通,了解对方的想法,避免误解。

二要加强婚恋道德教育。苏联教育家苏霍姆林斯基曾说,对于那些道德理想很明确的人,爱情一开始就不仅是一种感情,而且是一种道德义务。道德是婚恋教育的灵魂,加强婚恋道德教育,应做好以下几点:加强恋爱与婚姻的统一性教育,培养责任意识;强化性爱与道德的关系教育,维护性爱的专一性和排他性;树立婚恋道德教育与恋爱艺术教育并重的意识,既要接受平等、忠诚、尊重、负责等基本道德的约束,又必须掌握人际交往的艺术。

三要加强婚恋能力教育。弗洛姆在《爱的艺术》一书中指出:"爱并不是任何人都可以轻而易举地沉湎于其中的感情,而不管他(她)达到的成熟度怎么样;如果不积极地发展自己的整个人格,培养富于创造性的意志,那么对爱情的追求将是徒劳的。如果一个人没有能力去爱周围的人,没有人道精神、勇气、忠诚和自我约束能力,那么他就不可能获得爱情。"婚恋的成功、家庭生活的幸福无一不依靠爱的能力去实现。

(本文于 2011 年 11 月发表于《国家教育行政学院学报》)

大学生婚恋观异化的伦理审视及其引导

　　大学生婚恋观是大学生价值观在恋爱和婚姻过程中的体现,是家庭伦理道德的重要内容,是大学生对恋爱、婚姻和性取向的基本看法。婚恋观对大学生的恋爱动机、择偶行为、婚姻生活等发挥着重要的影响,甚至对大学生未来的发展和幸福起着决定性的作用。全社会应对大学生婚恋观的教育引导予以高度的关注和重视。

(一)大学生婚恋观异化:社会消极因素的负面作用

　　1. 大众传媒社会责任感的缺失

　　随着网络、手机、电脑的普及,大学生成为大众传媒最活跃的受众群体。不少媒体为了标新立异,吸引眼球,提高节目的收视率,追求商业效益,置社会责任于不顾,公然冲击社会婚恋伦理道德底线,大肆宣传"婚姻自由"、钱权外表至上、个人满足等。关于价值观的变化与大众传播之间的关联,美国社会学家密尔顿·罗基奇夫妇和传播学者桑德拉·波·罗基奇开展了专门研究,发现有95%的实证研究数据显示与传媒的接触会导致价值观发生明显变化。因此,作为大众媒体忠实粉丝的大学生,他们的婚恋观也会在多元化婚恋交友、影视节目的影响下发生消极的变化。爱情至上的地位已被撼动,婚前性行为也被部分学生所接受,部分学生要么期待"一见钟情",要么"怀疑爱情"或者得出"出生和长相决定爱情"的结论,滋长了悲观情绪和投机心理,不利于他们形成正确的婚恋观和成人成才。

　　2. 公众人物婚恋行为的失范

　　当前,部分公众人物缺乏社会责任担当,放松了对真善美的追随,一味追求物质和颜值。随着我国政府惩治腐败的力度加大,部分党政领导干部婚恋失范的现象屡遭曝光,引起社会大众议论纷纷。同时,部分大学生崇拜和追捧的公众人物在婚恋问题上的失范行为也屡屡让人瞠目结舌。大学生昔日崇拜的偶像变成今天的婚恋失范者,不仅挑战着社会伦理和道德,同时也拷问着大学生的信任与欣赏、价值观念和道德取向,造成的危害不容小觑。在公众人物婚恋行为失范的消极影响下,大学生在真与假、美与丑的拉锯战中,模糊了理想和立场,继而在行为和认知上陷入了矛盾,不知不觉中对一些现象表现出前所未有的"宽容"和"理解",他们或者随波逐流,或者对爱情产生了消极、茫然的情绪。

3. 高校及相关部门对大学生婚恋观教育的主动作为不够

从近年的研究文献来看,学校缺乏系统的婚恋观教育,婚恋观教育的主阵地近于空白,婚恋观教育只是穿插在"思想道德修养和法律基础"的个别章节中,教育内容单一、稀少,不能满足学生的实际需求,也不足以对学生产生非常有效的帮助。当前,高等教育领域的网络资源逐渐丰富,各类教育网站、视频公开课、资源共享课不胜枚举,但聚焦婚恋观教育的专门网站和网络课程仍然"缺席",这也体现了教育主管部门和高校对婚恋观教育的重要性和长远意义尚缺乏足够认识。由于接受正面教育补给的缺乏、自身道德理性的不成熟,大学生常常处在种种矛盾和冲突中,这对大学生的健康成长和社会的和谐稳定埋下了隐患。

4. 家庭对大学生婚恋观的基础教育不力

家庭应为大学生提供最早最基础的婚恋观教育。然而,当前的情况却不尽如人意。主要表现为:一是部分家长自身的婚恋观也受到了不良风气的冲击,出现婚外情等现象;二是部分家庭表面看似稳定实则并不和谐,夫妻恩爱不再;三是部分家长用错误的婚恋观影响儿女;四是更多的家长朴实无华,认为婚恋无师自通,"等到孩子长大了,到了那一天再说",无法与孩子分享婚恋方面的常识与技巧。归纳起来,大部分家庭对大学生的婚恋观教育不力,家长要么没有成功地示范,要么讲不出有针对性的道理,更有甚者对孩子的婚恋观产生误导或粗暴进行干涉。

(二) 大学生婚恋观的引导策略

加强大学生婚恋观教育,增强学生的是非、美丑鉴别能力,是一个系统的全局工作,应从以下四个方面加以推进和实施。

1. 教育引导的主要内容

大学生婚恋观是大学生世界观、人生观和价值观的重要内容之一,因此,大学生婚恋观教育无疑应成为高校思想政治教育的重要内容。思想政治教育工作者应在继承和弘扬中华民族传统婚恋美德的基础上,科学地借鉴、合理地吸收西方道德文化的有益成果,以此来完善我国现有的婚恋教育内容。除了道德伦理的基本内涵外,婚恋教育还应该包括婚恋能力及技巧、婚恋风险与法律素养、婚恋与事业、婚恋与人际关系、婚恋与下一代等几个方面的内容。

第一,婚恋能力及技巧的改善教育。恋爱的成功、家庭的幸福无一不依靠爱的能力去实施。

第二,婚恋风险与法律素养的引导教育。每个人的爱情、婚姻、家庭都会经受风险,在婚恋风险发生时,当事人如果知法、懂法、守法就可以做出理性的选择,避免事情向更糟的方向发展。有了法律强有力的支撑道德的美好目标才能顺利实现,因此,对大学生进行婚恋风险与法律素养的引导教育,可以有效提高学生婚恋挫折的承受力和自我保护能力,有益于家庭和社会的和谐稳定。

第三,婚恋与事业的关系引导教育。婚恋和谐、事业成功是许多人毕生的追求目标,一对恋人如果能处理好婚恋与事业的关系,就能让婚恋和事业相长,享受成功的人生,反之,则可能导致感情破裂或事业失败。在大学生步入婚恋之初,必须告诉他们,应树立婚恋与事业并驾齐驱的意识,"志同道合"也应成为情侣的感情基础,对那些只注重婚恋或事业的人,应慎重与之建立婚恋关系。

第四,婚恋人际关系引导教育。此处的人际关系专指因婚恋关系的建立而形成的人际关系。必须让大学生懂得婚恋成功的关键不仅在于恋人或夫妻,与周围的人的关系也是极其重要的,如婆媳关系、兄弟姐妹之间的关系等,如果不能较好地处理这些关系,不懂得宽容、真诚、友好地对待周围的人,就很有可能陷入人际关系的危机,危及恋爱和婚姻。因此,对大学生进行婚恋人际关系的引导教育是非常必要的。

第五,培养下一代的基本知识教育。虽然在现代社会大学生一般不将生儿育女作为婚恋的直接目的,但培养下一代是必经过程。为了使大学生在这一天到来的时候有充分的思想、素质和能力准备以及责任担当,在大学阶段进行必要的引导教育不仅很有必要而且非常有意义。

2. 教育引导的舆论环境

舆论环境是社会文明的重要标志之一,同时,环境育人也是公认有效的教育途径和手段之一。首先,加强大学生婚恋观教育,必须对大众传媒进行有效的监督和管理,强化社会责任感,发挥正能量。其次,必须对公众人物的言行进行有效的引导,增强公众人物的自律意识,充分强化他们的责任担当和示范作用。最后,加强校园文化建设,在橱窗宣传栏、教室墙壁布置张贴关于婚恋的名人、警句、佳话,让学生在潜移默化中感悟爱的真正内涵,正确对待现代社会中的各种婚恋问题,形成健康正确的婚恋观。

3. 教育引导的方法途径

大学生的婚恋观教育是一项庞大的系统工程,必须建立健全社会、学校与家庭三位一体的联动机制。首先,从相关部门和社会层面来看,要高度重视大学生婚恋观教育,并从制度、资金以及舆论方面予以鼓励和支持,依托大众媒体创设弘扬科学婚恋观、普及相关知识的网站和电视节目。其次,从高校的层面来看,要真正将大学生婚恋观教育作为思想政治教育的重要内容进行落实,开设专门的婚恋教育课程,采用专业化的教材,配备专门的师资,设置专门的学分;提供大学生自主学习平台,借助现代化的教育技术手段提升教学效果;加强婚恋心理咨询工作;设立"婚恋经典书籍必读"项目,开展小组讨论,提倡互助式的学习提高。最后,从家庭的层面来看,家长要关注孩子的婚恋观,并积极予以正面的引导。家长要利用各种途径加强婚恋知识学习,提升自身的教育能力和示范作用,向子女传递正能量。

4. 教育引导的效果评估与调整

教育行政主管部门和高校要重视教育效果的评估工作,重视大学生的切身感受,建立教育跟踪调研和反馈机制,使大学生婚恋观教育工作的开展始终与社会的发展、学生的需求紧密联系,以增强教育的引导力、针对性和有效性,有效降低或消除社会因素对大学生婚恋观的消极影响。

(本文于 2015 年 1 月 8 日发表于《学校党建与思想教育》)

知识整体论视角下大学生情感观念现状及教育引导

✂

情感是人类精神世界的基本表达,反映了人们对待世界的基本态度。列宁曾说:"没有人的情感,就从来没有也不可能有人类对于真理的追求。"显然,一个情感积极健康的人,才可能达到自我、自我与他人、自我与世界的和谐发展,才可能被他人及社会容纳,从而更充分地实现社会价值。大学生是"天之骄子",其情感观念不仅在一定程度上决定了自身幸福,而且在朋辈教育中发挥着示范引领作用。当前部分大学生情感观念"异化",需要从知识整体论的视角对此类现象的成因进行系统分析,以强化对大学生情感观念的教育引导,实现情感价值的重塑。

(一) 社会交往系统中大学生情感观念的构成要素

学界普遍认为,情感是人对客观事物与人的需要之间关系的反映,是人类所特有的心理现象,其与个人意志及认知过程共同构成了心理过程。从本质上看,情感也是一种价值意识。情感的内涵非常广泛,包括亲情、友情、爱情、信仰与理想、道德与审美、心理与生命及各种隐性及显性表达等。而亲情、友情、爱情是大学生最为聚焦的情感领域,而且大学生遇到的主要困扰往往也集中在亲情、友情和爱情三个方面。大学生的情感观念是其世界观、价值观和人生观在亲情、友情和爱情等方面的个性表现。亲情是因婚姻、血缘及收养事实而发生的人与人之间的情感;广义的亲情可以涵盖没有亲属关系的人之间产生的类似亲情的深厚感情。而友情是以信任为基础,双向而平等、亲密而持久的特殊的情感;广义的友情不仅涵盖个人之间的关系,而且涵盖民族之间及国与国之间的情感等。爱情则是人与人之间最强烈的吸引形式,是指生理、心理成熟到一定程度的个体对其他个体产生的一种高级情感,表达了人与人之间强烈的依恋、亲近、向往,以及无私、专一并且无所不尽其心的情感关系,爱情通常是指情侣之间的情感表达。

在知识整体理论的视角中,完整的知识体系由理性知识、感性知识、活性知识三部分组成,大学生亲情、友情和爱情等情感观念是大学生认知系统中重要而复杂的知识整体。三元知识结构的整体性和动态关联性为构建大学生情感认知提供了理论支撑。从影响大学生情感观念的内外部因素来看,大学生情感的理性知识是国家"立德树人"教育目标中理想信念的重要组成部分,是情感教育体系的核心,关涉情感观念的基本概念、心理生理科学知识、传统文化、社会普遍认可和遵循的公序良俗、道德及法律规范约定等,也是客观的逻辑性科学知识。感性知识则指实践经历或观察得来的经验性产物,蕴含在实践育人的情感板块,饱含着浓厚的个性化色彩。而情感观念则属于三元知识结构中的活性知识,是大学生社会认知层面中社会性知识的自我建构,受到个人知识结构、感性体验、价值观念、认知水平和社会价值导向等一系列内外部因素的影响,表现为自身的理想、抱负和价值观。大学生情感观念的形成是他们在理性知识学习基础上获取有关亲情、友情、爱情及社群交往等感性认识,从而构成价值观念的习得过程。

(二) 大学生情感观念"异化"现象及其成因机制

1. 大学生情感观念"异化"现象及特点

第一,部分大学生的亲情观出现偏差。在 2021 年针对江苏地区 1 万多名大学生的情感状况调查中,76% 的大学生选择"在亲情中获得成长的正能量,非常感恩父母,既能够理解父母苦心也能保持独立自主,保持优良的亲情关系",19% 的大学生选择"在亲情中存在诸多困惑,有时需要他们,有时想摆脱他们,或多或少存在亲情沟通障碍",5% 的大学生选择"在亲情中有一些不愉快体验,亲情有时会成为负担"。可见,大学生亲情观总体积极而正面,对父母有孝敬之心,但也有五分之一的大学生对亲情缺乏深刻认识。部分大学生习惯了以自我为中心,习惯了亲人无微不至的照顾,养成自私偏执与霸道易怒的个性。部分大学生不懂得主动与亲人沟通,不善于表达感情、交流想法,不能与家人平等平和相处,无法接受和理解彼此的想法。当在亲情中受了"委屈",就会抱怨亲人,导致亲情淡漠,误入了"亲人不亲"的窘境。

第二,部分大学生友情观"异化",呈现消极倾向。在对大学生友情困惑的现状调查中,68%的大学生选择"具有良好的友情体验,并能持续维系",15%的大学生认为"友情存在不确定因素,友人间常常出现分歧",13%的大学生认为"处朋友太累,虽然有朋友,但内心仍时常感到孤独无人能懂",也有4%的大学生认为"难以找到适合自己的朋友,渴望友情但感觉距离遥远"。数据调查和实证访谈发现部分大学生的友情观呈现出五种消极的倾向。一是友情理想化、绝对化,视朋友为个人专属,不能接受朋友间的磕磕碰碰。二是友情物化功利化,物质交往重于情感交流和精神互通。三是友情利己化,以自我为中心,不能以平等的姿态维系友情。四是友情"无我"化,满足友人的所有需求,甚至牺牲自我利益,使友情向畸形方向发展。五是友情虚无化,社交恐惧或社交淡漠,不相信友情,不愿付出足够努力去寻找并建立友情。

第三,部分大学生爱情观与婚恋观存在道德滑坡倾向。笔者之前做过的调查显示,大学生婚恋观和爱情观总体是积极的,但部分大学生的爱情观、恋爱观、择偶观、婚姻家庭观、性观念不成熟,对爱的能力认知不足。有的大学生对爱情的认知存在偏差,为了摆脱孤独与寂寞,或者受猎奇从众心理的驱使而恋爱,甚至奔走在"快餐式"恋爱中。有的大学生将"高颜值"作为择偶的首要标准,忽视心灵美、内涵美,不关注双方是否志同道合,为未来的婚恋、家庭幸福埋下隐患。部分大学生注重爱情享受,淡化责任担当,过于看重经济因素。部分大学生自制能力不够,性观念相对开放。同时,部分大学生缺乏爱情理念与恋爱技巧,缺乏责任、自律、专注、耐心。

2. 大学生情感观念"异化"成因机制解析

第一,高校思想政治教育中的情感教育不足,导致大学生的情感知识缺失。高校情感教育既是大学生德育和"三观"塑造的重要组成部分,也是情感教育体系中至关重要的一环。长期以来,高校对大学生情感教育不够重视,缺乏顶层设计,未形成健全的教育机制。总体来看,当前高校的情感教育未能把握大学生的情感特点,未能满足他们的诉求,未能解决他们的实际情感困扰。此外,以"情感观念"为主题的选修课更是凤毛麟角。受传统文化思想的影响,亲情、友情、爱情观念多被视为个人的情感要素,在日常师生交流中较少涉及,加上目前高校还没有专门的情感教育师资,思政教育专职教师的情感教学能力薄弱,这就间接导致大学生缺乏"情感观念"教育。总之,高校思政教育机制及情感教育体系的不完善,造成情感理性知识供给与大学生的实际需求脱节,大学生学习情感知识的途径多元但科学性值得商榷。

第二,大学生个体情感知识的生成机制没有得到重视,导致情感知识的获取与实践脱节。情感教育需要引导受教育者将理论转化为实践并在实践中提升,实现"知识—认知—实践"的良性循环,大学生个体性情感知识的获取也必须经历实践体悟的过程,但情感实践环节长期被忽视。在应试教育背景下,家长和教师把绝大多数精力放在学生的学业上,而对其情感发展不够关注;家长和教师往往漠视或粗暴干预学生在亲情、友情和爱情等层面的不当言行,未能进行科学合理的指导,网络时代下的虚拟情境更加阻碍了大学生个体性情感知识获取机制的建立与完善。高校思想政治理论课及社会实践的"第二课堂"理应给学生补齐情感实践这一课,但尚未能落细落实。部分大学生奉行个人主义,缺乏利他精神;社交不积极,不懂得接纳他人;自我协调能力不足,对周围人和环境不能给予适度的关切,对情绪变化不敏感;团结协作能力弱,责任心不强;学习情感知识的主动性不够,在情感实践中的自省与提升不足,难以与异性融洽相处,协调处理学业、人际、情感困扰的能力薄弱。这些深层次原因催生了其情感观念的"异化"现象。

第三,大学生社会性情感教育引导机制尚未健全,导致大学生情感活性知识获取不足。社会要求个体具有确定的情感信仰和价值观、健康的情感态度,对社会变迁和情感生活变化具有良好的适应性。大学生社会性情感是大学生情感的社会化,通常由自我意识与自我管理、社会意识与人际关系技能、负责任的决策与果断的执行力等方面组成,而社会性情感教育引导机制不健全则为大学生的成长埋下了隐忧。由于社会性情感的引导机制尚未完备,大学生社会情感实践的顶层设计和具体举措不足,大学生获得社会性情感支持的渠道变窄,通过社会交往系统获得的情感能力不佳,对社会主流导向难以内化于心、外化于行。部分大学生在社会性情感方面一味注重自身的生理与心理需求,导致对情感价值的漠视、对情感道德的回避、对亲情友情和爱情的间歇性否定,甚至选择对社会群体生活的逃离。

(三) 大学生情感观念价值重塑的引导路向

1. 大学生情感观念"异化"的纠偏逻辑

青年大学生的情感观念教育是涉及价值观、情感及个性的复杂的教育系统工程,宜疏不宜堵,教育主管部门、学校、家庭应积极担当,形成协同育人合力,肩负教育引导责任。教育主管部门应积极发挥主导作用,制定相关政策将大学生情感观念教育纳入"三观"教育的重要环节。宣传部门应对亲情、友情、恋爱交友等节目进行整体设计,传播正确的情感观念。加强对互联网,特别是对涉及负面情感信息的网络信息平台的甄别和筛查,有效阻断对大学生群体情感认知的负面影响。同时,共青团、工会、妇联、街道、社区、学校等组织也应积极担当起正面宣传引导的责任。高校应发挥大学生情感教育主阵地的作用,主动应对大学生对情感教育的迫切需求,适时将亲情、友情及婚恋教育等纳入教学体系,实现教育内容标准化、师资专门化、课程独立化,避免情感教育边缘化、片面化、空洞化。积极运用"浸润式""体验式""滴灌式"等多种教育模式提升大学生的道德水平,做到因材施教,正向引导。同时,家庭应承担起大学生情感教育的基础责任。父母应重视中小学阶段孩子的情感教育和道德品行教育,掌握正确的家庭教育理念,切实增强家庭情感教育的实效性。

2. 大学生情感教育应主动融入思想政治教育体系

在情感教育的系统工程中,每一个具体的情感教育任务的实现都与教育内容本身、情境、个人目的、个人经验、个人需要以及教师的人格特征息息相关。系统工程需要系统地推进,高校作为大学生情感教育的"前哨"阵地,应聚焦大学生情感知识教育,强化情感知识实践,推进对情感活性知识的反思、矫正及内化,有效完成情感知识的系统性构建,帮助大学生解决现实的情感困扰,助推大学生的全面和谐发展。

第一,要构建大学生情感教育引导体系。为大学生系统传授情感知识,强化性别角色定位,提升情感危机处理与防范水平。强化对亲情、友情及爱情观的教育引导,注重"三观"的塑造。帮助大学生认识情感的本质内涵,学会建立优质朋友圈,掌握人际相处技巧。强化情感教育的前置性、全程性、全局性,帮助学生树立正确的情感观念。引导大学生以树立正确情感观念为前提,以敬老爱幼为起点,以尊重、平等、互爱、志同道合为基础,体验亲情、友情和爱情带来的愉悦与幸福,同时挖掘情感中蕴含的积极的社会功能,更深刻地激发情感给大学生带来的内生积极力量。

第二,要加快情感教育课程建设,赋以独立的学分和课时。大学生的情感教育指导课程可"安家落户"在新生入学教育课、形势政策课、公共选修课等模块,覆盖全部学生,使情感教育"走深、走心、走实"。加快大学生情感教育的师资队伍和教材建设,建立"用爱来交换爱"的情感教育模式。

第三,要推进大学生情感实践心理辅导平台建设。大学生对情感教育引导的需求凸显与目前教育资源的供给较少之间存在矛盾。情感指导和咨询是精神层面的需求,具有显著的私密性,大学生也更倾向于在私密环境下向值得信赖的人倾诉。高校可借助新媒体开通相关服务平台,如上海交通大学辅导员"娘亲"微信公众号、扬州大学"红梅引航"辅导员网络工作室等。

3. 大学生群体社会化情感价值观重塑

大学生情感教育源自生活,也必然要回归生活,才能最终指导生活。情感教育的目标在于服务大学生成人成才,帮助大学生构建良好的情感生态,使之真正成为自己情感的主人,而不是沦为情感的奴隶。

第一,以人本理念开展大学生情感价值引领。情感具有私密性、独立性、合法性和个性化的特征。开展大学生情感教育要以学生为本,从学生的身心特点、内在需求和客观环境出发,尽可能提高教育引导的针对性和实效性,最大限度地满足学生对人性化情感教育的迫切需求。

第二,以全人教育理念促进大学生情感认知与情感观念正向发展。大学生要成为健全完整的人,既要具有一定的专业素养与技术能力,也要具有健康的体魄与健全的人格。帮助大学生提升社会能力素养,特别是提升爱与被爱的能力,掌握正确理解爱、辨别爱、表达爱的技巧,提升自律力、专注力和忍耐力。重视大学生的人格教育,培养大学生的外向性和宜人性人格特质,使其具备更强的情感维系能力。

第三,以立德树人为宗旨,积极培育大学生群体的情感观念。以"齐家治国平天下"等传统文化中蕴含的情感观念为根基,以新时代社会主义核心价值观为导向,助力大学生群体重塑价值观,促使他们逐渐形成以信仰为动力、以责任为纽带、以感情为基础的价值取向。学会处理与亲友、恋人之间的关系,提前学习处理亲子关系以及其他关系的理念和技巧。第四,引导大学生群体理性追求幸福。美国著名心理学家、哲学家弗洛姆认为,爱既是一种艺术,更是一种能力。让大学生懂得培育情感的关键在于提升自身爱的能力,既要在个性基础上实现自我突破,又要与社会及他人同向而行,风雨共济。第五,培养集体主义意识和利他精神。个体主义下的情感关系更注重个人的情感体验,而集体主义下的情感关系更注重双方的整体感受和集体与家庭的发展。所以,需要强化大学生群体的集体主义意识和利他精神,要引导大学生锤炼独立人格,既要平等互爱、善于人际沟通,又要自立自强,勇于突破自我、完善自我。强化大学生的情感道德与责任意识,掌握处理情感关系的技巧和方法,提高辨别能力,在以学业为主的前提下培育良好的情感。

（本文于 2022 年 10 月 5 日发表于《江苏高教》）

"硬核"婚恋箴言

（1）每个人都要及早树立正确的三观（世界观、价值观和人生观），而正确的婚恋观也非常重要。如果三观正确，婚恋观也正确，那么事业、爱情、家庭成功的可能性将极大地提高。

（2）爱情是人与人之间吸引的最强烈的形式，是指生理、心理成熟到一定程度的个体对其他个体产生的一种高级情感，表达了人与人之间的强烈的依恋、亲近、向往，以及无私、专一并且无所不尽其心的情感关系。

（3）学生在校学习期间，学习为第一要务，建议将绝大多数精力集中在学习和综合能力提升等方面。如果遇到适合的异性朋友，可以开启恋爱旅程，如果没有遇到千万不必自我否定、自卑和焦躁，谈恋爱不能攀比和从众，宁缺毋滥。但是提升人际素养非常重要，特别应加强与异性同学的交往，以便于了解异性，为将来的婚恋做好准备。

（4）有一天，柏拉图问老师苏格拉底什么是爱情？老师就让他到麦田里摘一棵最大最金黄的麦穗来，期间只能摘一次，并且不能回头。柏拉图按照老师说的去做了。结果他两手空空地走出了田地，老师便问他为什么摘不到。他说：因为只能摘一次，又不能走回头路，期间即使见到最大最金黄的，因为不知前面是否有更好的，所以没有摘；走到前面时，又发觉总不及之前见到的好，原来最大最金黄的麦穗早已错过了；于是我什么也没摘。老师说：这就是"爱情"。人生就正如穿越麦田，只走一次，不能回头。要找到属于自己的麦穗，你必须要有莫大的勇气和付出相当大的努力。

（5）积极态度是一个法宝，不仅可以向周围环境释放正能量，形成强大气场，而且有利于展现人格魅力。当然，态度积极的同时也需要理智和冷静。

（6）即使是以结婚为目的的恋爱，发现对方不合适也是要及时分手的。但太轻易分手或者该分手时却不分手,都是不建议的。

(7) 建议谈恋爱要触及灵魂,这样的爱情才行稳致远,两个人才有可能成为灵魂伴侣。

(8) 爱的能力至关重要。"我爱你""但是我却没有感觉到你的爱",这是很多恋人的困惑,似乎很难突破。能到达对方心田,能让对方淋漓尽致地感受到的爱,才是有效的爱。

(9) 保持独立。无论是恋爱还是婚姻,不能依附于另一个人,独立的人格、思想、感情、生存能力、事业,可以确保你在任何情况下,面对困难、迎接挑战,做一个坚强而豁达的人。

(10) 有婚恋烦恼,积极咨询,不能消极对待,或者走极端。

婚恋问答（一）

（1）婚恋观是什么？

答：婚恋观是人们对待恋爱、婚姻和家庭的根本看法和态度。

（2）从小我就觉得父母在一起不幸福，现在我一直没有谈恋爱的欲望，并且不想结婚，这算有问题吗？

答：这个困惑并不少见，但不能简单看待父母的婚姻问题。幸福婚姻的秘诀在于双方三观一致，性格相投或者互补，都有着比较强的爱的能力，懂得尊重珍惜，注重并学会了维护爱情、经营家庭。建议持有积极乐观的心态，学会看到父母婚姻中的闪光点，值得我们借鉴的地方，吸取他们的经验教训，今后要努力避免他们做得不够好的地方。

不能看见了婚姻的不美好，就把这种不美好夸大、强化、固化，而是要坚定信念，改变这种不美好，努力创造属于自己的美好。

（3）有些男孩子在谈恋爱时表现得自私，女朋友是应该当面指出还是选择隐忍不发，应该怎么做？

答：建议选择比较合适的机会当面指出，或者以写信的方式挑明。对方如果有所改观，可以继续恋爱，否则，应该及时终止这场恋爱。

（4）有一个朋友，她对男朋友好，男朋友却当作理所当然、不对女朋友好，这时候该怎么做？

答：建议向男朋友当面指出，不改正应该及时终止恋爱。

（5）我有个朋友一直想谈恋爱，但总是找不到对眼的人怎么办？

答：建议没有找到对眼的人就暂时不要谈恋爱，集中精力充分发展自己，提升自己的内在素养和外在气质。同时适当扩大交际圈，多与同学交流，多参加有意义的活动。特别想恋爱的人，如果碰上一个不怀好意又甜言蜜语的人，特别容易上当受骗。

（6）我有一个朋友，她总是要求太高，觉得没有人配得上她，怎么办？

答：对男方的要求要理性、现实，否则就是跟自己过不去，如果不能突破自己的要求关，再好的男孩子也会被拒之门外。

（7）我的闺蜜喜欢一个男生，已经向他表白，男生没有给出明确的态度，没有拒绝，也没有同意，只是一直吊着我闺蜜，后来听熟人说这个男生人品不太好，四处拈花惹草，我闺蜜是否还应该坚持？

答：不该坚持！人品和道德是第一位的！

（8）谈恋爱时总是患得患失怎么办？

答：太在乎对方，或者太在乎自己都不一定可取。建议首先要找到自己心中的"么蛾了"，真诚相处，人处着眼，不合则分，合则处。

（9）怎么样维持一段异地恋？

答：对于大学生来说，维持异地恋会比较辛苦，如果近距离相处会更容易更顺畅。

（10）渴望爱情，但对谈恋爱十分抗拒，这种矛盾心理可以理解吗？

答：可以理解，但需要调整心态。有些大学生不自信、不乐观，期望谈恋爱又怕与人交往惹来麻烦。想吃桃子，却不想上树摘，希望桃子直接掉在手心里，这样的心态不可取。

（11）我有个朋友，有一个男生对她挺好的，但该男生是位暖男对其他人也都很好，怎样辨别他对她的感情是不是独特的呢？

答：建议委婉试探或表白，如有可能，建议以普通朋友的身份再"考察"一段时间。

（12）我有一个朋友，她对身边的男生都不太感兴趣，但是对一个酷的女孩有点意思，实际上，她是异性恋，也喜欢在网上看帅哥。这种心理是什么？

答：也许那位女孩子对她来说特别投缘或者具有独特的人格魅力，两个人之间的友谊，尤其值得珍惜。

（13）有一个朋友很害羞，但她喜欢一个同样害羞的男孩，那男孩好像也喜欢她，但两人谁都不说怎么办？

答：总要有一个人主动表白，如果这样持续下去，面前这位男生会不会与别的女孩对上眼，与你失之交臂？著名哲学家苏格拉底的"摘麦穗理论"也阐明了这个道理。

（14）发现谈了三年的男友是"海王"怎么办？

答：建议分手。这样的行为是婚恋道德的缺失，害人害己，这样的人在未来生活中出轨的可能性也比较大。建议采取合适的方式指出，不然他可能还会自作聪明，认为自己做得天衣无缝，神不知鬼不觉。恰当地指出或许还可以避免更多的女孩坠入他的"爱情陷阱"。

（15）当男生和女生发生争吵或冷战时，如何找到一个正确的方法进行和解？如果有一方坚持不原谅另一方应该做些什么？我有一位朋友，他的女朋友总是过分强势，造成两人常常发生争吵。请问老师，遇到这种情况应该怎么办呢？如何面对婚姻恋爱中一方强势一方自卑的问题？

答：尊重、平等、宽容、体谅、换位思考、善于自我批评和改善、为对方着想，这些是高质量人际交往的必备技巧。具体要看是谁的过错，或者谁的过错大一些，建议把错误指出来，过错方坚持不认错还持续强势冷战，建议考虑分手或者把矛盾交给时间，时间会告诉你，你们是否适合继续相处。有时，恋爱会让人成长，就是这个道理。如果她或他不知道如何更高质量、更优雅地爱，那么恋情中的"失之交臂"就会让她或他学会。一方过于强势，另一方一味地隐忍或迁就无助于婚恋关系的维持。

（16）我有一个朋友喜欢上他的一个好朋友的女朋友，他害怕破坏兄弟之间的友谊，但是他对那个女生又十分喜欢，这个时候他应该采取些什么做法，才能正确地处理好三个人之间的关系？

答：有意保持距离，"朋友之妻不可欺"，同样朋友的女朋友也不可夺，恋爱道德和社会责任是第一位的，是为人之要。

（17）如何正确应对另一半跟你说分手并且给你发"好人卡"？

答：只有一个建议，分手！

（18）我身边有个女生是"海后"，对象一直换，这是什么问题引起的？

答：这是婚恋观异化的现象，属于道德层面的问题。她热衷与追求的东西违背了道德标准，害人害己，对校园人际生态将会产生极负面的影响。

（19）我有一个朋友，他在恋爱中会把女生当作他的全世界，把她照顾得无微不至，但是女生常常会说我习惯了有你的日子，但是习惯不等于喜欢。他应该怎么办呢？

答：如果双方都能接受这样的情况，这样的恋爱可以延续，所谓"一个愿打一个愿挨""鞋只有穿在自己脚上才知道合不合适"。只要有一方觉得不太合适，建议要慎重考虑。有的女孩子依赖性特别强,习惯别人为她鞍前马后,这样的性格和习惯本身就是不可取的,大学生要养成独立思考、独立生活的品格。存在一种可能,她分辨不清是依赖还是爱情,当然也不排除女孩子并不爱他,只是让他充当护花使者的角色,女孩子在接受他的呵护的同时,正等待着她喜欢的那个人的出现。

(20)谈恋爱是主动出击还是顺其自然?

答:如果对对方比较有好感,发自内心的喜欢,建议尝试主动表达或者试探一下对方的态度。

婚恋问答（二）

（21）为什么现在有些年轻人越来越不想结婚？

答：担心组建家庭后两个人的生活可能会不自由，担子重，有压力。对婚姻的看法不积极，重个人享受，轻责任担当，对未来的不确定因素产生消极心理。应理性消解这样的心理。

（22）一定要以结婚为目的谈恋爱吗？

答：建议谈恋爱要指向婚姻！但需要根据实际情况来决定恋爱是否能进行到底，是否能走进婚姻。

（23）要选择爱情还是选择安稳的生活？

答：每个人的选择不尽相同，建议选择爱情。爱情是甜蜜的，蕴含着无穷的力量和智慧，安稳的生活是可以靠双方的努力来营造的。

（24）没有爱情的婚姻是必要的吗？

答：要具体问题具体分析。最重要的是，当双方还没有能建立起爱情，建议不要轻易走进婚姻。

（25）我有个朋友，凡事都觉得自己开心最重要，无法为另一半付出太多，所以认为自己这种性格不配谈恋爱，不想结婚，这是有问题的表现吗？

答：个人主义是行不通的，建议这样的态度要有所改变。认为自己这种性格不配谈恋爱，说明他还是有清醒认识的。不过当他遇到真正喜欢的人，爱情将变成一股强大的力量，让一切变得更好，因此，不要先轻易下结论。

（26）婚姻是否都会在热情后走向平淡，平淡后的感情可以维持几十年吗？

答：大多数的婚姻在热情后走向平淡，但是也有一直处在热恋状态的夫妻。夫妻恩爱的秘诀在于两个人相互尊重、彼此体谅、相互扶持、彼此成就。另外，持有正确的婚恋理念和沟通交流技巧是婚姻幸福必不可少的"神器"。

(27) 性格相反的两个人的恋爱能稳定与长久吗？

答：可以的，只要相互尊重，积极沟通，目标一致，一起为爱付出努力。同时为了相爱的人，可以尝试着改变性格，让彼此变得更加成熟。

(28) 与异性接触会有明显的抗拒和不自在，这属于什么样的心理？

答：这说明你是在乎和关注异性的，类似于"近乡情更怯"。用爱情心理学来解释，可能处于疏远异性期和亲近异性期的叠加效应期或过渡期。说得更直白一点，你生理上已经处于亲近异性期，但心理上还没足够成熟，也未能做好相关准备，因此生理和心理产生了矛盾。当然，产生抗拒情绪的原因也可能在于不自信、对异性存在偏见或曾经有过消极的异性相处体验，头脑里已经给异性贴上了不友好的标签。

(29) 我有一个朋友，她一直渴望脱单，也有理想中的男友类型，但是一时难以实现，所以她退而求其次，找了个不那么理想的男生，但是背地里又一直嫌弃人家，甚至有"如果另外的那个他喜欢我，我立刻把现男友甩了"这样的言论，这算不健康的恋爱观吗？我应该进行适当规劝和引导吗？

答：这是不健康的恋爱观，应该进行规劝和引导，看不上、不喜欢就应及早分手，不能利用别人的感情。

(30) 如何面对结婚、恋爱久了就没话题了？如何保持新鲜感？

答：不建议一味追求新鲜。注重心灵与心灵的碰撞，了解对方的喜好，有一颗善于发现美的眼睛；保持对学习、生活和工作的激情；提高情商，学会高质量交流，把爱传递到对方的心坎里去；学会营造浪漫，常常创造小浪漫小感动，就会让对方感觉爱意浓浓，也会有新鲜感哦。

(31) 我的室友不想结婚，一会想谈恋爱一会又不想谈恋爱，这是有问题的表现吗？

答：可能是还没有想清楚自己想要什么，建议先尝试着跟同学们友好相处，积累对异性的基本认识。建议将主要精力放在学习和成长上，有了主见或者自己喜欢的人出现了再考虑谈恋爱。

(32) 不想生小孩，是有问题的表现吗？

答：想法可以理解，但不建议这样做，因为这是人类繁衍的规律，也是个人及家庭的社会责任。孩子是人生中最宝贵的礼物，也是维系夫妻感情的纽带。生了孩子自己对世界对人生的理解才会更深刻、更真实、更全面。

(33) 有个同学是"海王"，他常常说他自己是老单身不想找对象，这是有问题的表现吗？

答：有问题，属于道德方面的瑕疵。没有将恋爱指向婚姻，存在利用恋爱达到自己不可告人的目的的可能。他自己常常说的话也成了可恶的幌子，面对这样的同学，建议可以进行劝导或者请老师进行教育。

（34）我一直期待学校里可以提供大学生婚姻和恋爱方面的课程资源，因为这些涉及隐私的话题我也不敢轻易找哪个老师咨询。

答：2022年10月，中青校媒面向全国1028名大学生发起问卷调查。调查结果显示，88.23％的大学生支持大学开设恋爱课。极少数大学开设了这方面的课，往往一个选课名额、一个座位甚至达到哄抢的程度，真正是"一票难求"。我们"红梅引航"工作室将于2022年9月份起开设"大学生婚恋家庭素养教育"公选课，这本书作为这门课的教材，可以满足一部分学生的需求。同时，本书就是一个便利的婚恋教育引导资源，可供大家参考。

（35）分手了还能做朋友吗？

答：因人而异，有的可以做朋友，但大部分人很难维持朋友关系，分手了还是容易触发敏感的神经，建议保持距离。

（36）一见钟情是不是就是看脸？

答：一见钟情就是初次见面就心生喜欢，"坠入情网"，这是幼稚的爱，选择婚恋对象绝不能仅看颜值，更应看重谈吐、心灵和气质。一见钟情不一定靠谱，关键还要在相处的过程中了解对方的三观、脾气、性格、喜好，看能不能真正接受彼此，真诚和谐相待。

（37）确认关系之前疯狂心动，确认关系之后反而觉得好像没有那么喜欢，就想摆脱恋爱关系，该怎么办？没有恋爱谈的时候疯狂想谈，谈了之后又不想谈了，合理吗？

答：要明白由激情到逐渐平淡，再过渡到平常生活是恋爱的一般规律，究竟是恋爱变平淡了，还是真的不喜欢了、不合适了，需要想想清楚。千万不能朝三暮四，如柏拉图与老师苏格拉底关于爱情的谈话，不能错过了"最大最金黄的麦穗"。在日常的相处中维系甜蜜的情感，需要理念更需要技巧，建议在这方面多进行学习和提升，爱既是一种能力也是一种艺术。

（38）好几年里一直听到一个人的事，最近终于见到了，对那个人的感觉非常好，最近天天想到他，这种算爱情吗？有没有必要开口要联系方式？

答：这是暗恋。建议找到联系方式，尝试找机会一起聊聊天，增进了解，然后判断该怎么做。

（39）谈恋爱，又不想谈恋爱，咋回事？或者说真的一定要有一段甜甜的恋爱才算没白上大学吗？

答：既想谈恋爱又不想谈恋爱，这很正常。一方面，现阶段的主要任务是学习，谈恋爱不是一种必须；另一方面，你真心喜欢的人可能还没有出现。大学的标配是自己的全面成长，而不是一段恋爱。

（40）我想谈恋爱，不想结婚，这合理吗？

答：从谈恋爱到结婚是循序渐进的过程，水到渠成比较好，遇上合适的人自然会想结婚，恋爱可以很深刻地影响一个人的观点和想法。

（41）和对象之间没有心动的感觉是不爱了吗？

答：建议具体问题具体分析。

（42）有个朋友大学快毕业了，还没谈过恋爱，正常吗？

答：正常。在大学或研究生阶段，学习是核心任务，如果遇到心仪的异性朋友可以尝试着谈恋爱，如果没有遇到也很正常，不能为了恋爱而恋爱。大学期间要扩大朋友圈，树立正确的三观和婚恋观，提升自己的沟通能力，为今后的工作和走进婚恋、家庭做好全方位的准备。

（43）如何解读单身贵族？

答：单身，不为生计发愁，享受一个人的生活，这样的人叫单身贵族。

（44）如果现在没有遇到自己喜欢的人，但是身边有很合适的人选，对方喜欢自己，但是自己没有那么喜欢他，是否应该试着跟他去相处？

答：喜欢并不是一见钟情，很多时候需要慢慢接触，才能发现一个人的美好，才能建立彼此的默契。爱情是需要培养和磨合的，可以慢慢喜欢上一个人，建议试着去相处。

（45）自己的择偶标准很高，觉得身边男性都很幼稚，但是符合自己择偶标准的也不一定看得上自己，自己也不愿将就，如何平衡其中的关系？

答：建议择偶标准要切合实际、接地气，幼稚或许也是优点。大学阶段的恋爱的显著优点在于，更注重素质和感情，可以更多地避免家庭、财富、地位等因素的干扰。那个人是否合适，永远都是真正相处了之后才能知道。所以建议放低要求与门槛，试着相处，然后再做出判断和选择。

（46）我有个闺蜜，对一个男生有好感，但分不清那是不是真的喜欢，纠结要不要表白？

答：建议委婉试探或表白，创造更多的机会去相处和了解。

（47）怎么知道是不是喜欢一个人？

答：最直接最简单的检验方法就是，看自己是否在有意无意地关注这个人，时不时地想到这个人，对这个人有无明显的好感，有没有进一步接触的意愿。是否真正喜欢或真正地爱，有时需要在长时间交往之后，才能确定。

（48）爱会消失吗？为什么有的情侣爱着爱着就不爱了？

答：爱可以消失，爱着爱着就不爱了，有几种可能：第一种可能，本来就没有产生真正的爱，或者产生的爱不是灵魂之爱，而是冲动、好奇或新鲜感，让人感觉这就是爱。第二种可能是，随着深入了解，发现了对方的缺点，或者发现对方对自己没有吸引力，自己并不是真正爱对方，那这样的恋爱没有必要延续。恋爱过程中懂得宽容很重要，要能深谙"金无足赤，人无完人"的道理，不能看不得别人的缺点，走进完美主义的泥潭。如果发现恋爱双方并不适合继续在一起，能够及早和平分手是非常值得鼓励和庆幸的一件事情。

（49）如何找到对象？

答：首先，树立正确的婚恋观，做一个思想上有准备、有辨别能力的人。其次，保持积极的心态，主动参加各种社团、参与有意义的活动，这样不仅能扩大自己的人际圈，而且会让自己变得更优秀。第三，在与异性保持合适距离的基础上，注重与异性的交往，要特别重视与同学同窗同事的相处，加深自己对异性的了解，积累人脉，让自己的优秀得到更多人的认可。第四，如果遇到有好感、喜欢或心仪的异性，建议尝试主动接近，增进交流，对其示好或试探。如果感觉可以进一步发展，建议主动表白，争取交往的机会。

（50）如何看待同性之间的惺惺相惜？

答：同性间亲密友好、心灵相通、形影相随的情况非常普遍，大多数人都有自己的同性朋友,其中部分同性朋友的亲密和依赖程度让周围的人印象深刻,通常也容易被大家戏称"你们是不是同性恋"。事实上,绝大多数同性朋友是由于性格经历相似、心灵契合,很愉快地相处在一起,这是正常现象,为学习、生活和事业增添了美好。

(51)如何正确对待分手? 如果要开始一段新恋情需要做哪些准备?

答:如果经过一段时间相处,感觉不合适继续经营这份感情,那么建议尽早分手。即使要分手,也尽量做到和平分手,以减少对双方的负面影响。建议在分手前,根据实际情况充分进行沟通。分手后,对这一次恋爱经历进行总结,对自己的婚恋观进行进一步梳理,让自己的心态尽快趋于平和。过一段时间,再开始一段新的恋情。不建议在分手后不久立即进入新恋情。一方面,刚刚分手需要冷静思考,给自己一个平静的过渡期;另一方面,开启新恋情前也需要了解、考察和冷静思考。慎重认真地对待每一个异性朋友,对待每一段恋情。

(52)当一个男生对你有好感,但又没有明确表示时怎么办?

答:当一位男生对你有好感,同时你也对他有好感时,建议要暗示自己,一次"机缘"正在来临。首先,考察了解该男生三观正不正、心灵美不美、与人相处是否真诚和善,如果大家对他的评价都是正向的,那么建议主动寻找机会加强沟通交流,在合适的时候给对方暗示,或者委婉表白。反之,如果对他的评价是反向的,那么要果断疏远,而不能因迷恋对方的外在条件,半推半就。再次,如果对他的评价含糊不清,那么建议冷静观察一段时间,适当寻找机会增进了解,然后再做考虑。

(53)如何做到学业与爱情兼顾?

答:学业与爱情从来都是可以兼顾的。恋人能彼此成全,甚至可以在爱情中获得学业上的突飞猛进。如何才能达到这样的效果呢? 首先,建议把爱情与学业并进作为恋爱关系的基础,双方在这一基础上商量确定见面的频次和大概的时间,以确保学习不受较大影响。其次,在学习上彼此监督和鼓励。再次,如果双方生活在一个校园里,可以在课余时间可以一起学习,利用中间休息时间增进交流,这样能最好地兼顾到学业和爱情。

(54)遇不到合适的就不打算结婚,又怕晚年"凄惨"怎么办?

答:遇不到合适的,也不能将就着结婚,而是要本着积极的心态努力提升自己、努力寻找合适的人(参考49题给予的建议)。如果寻寻觅觅都找不到合适的人,那么,也应调整好心态。

（55）男生老是把我当成哥们该怎么办？

答：与男生相处成哥们不是坏事，证明你有一定的人格魅力和人际交往能力，同时容易被男孩子关注。只不过，有缘分的、喜欢你的那个男生还没有出现。同时，建议你在与男生相处时，在合适的时候展现柔性之美、心灵之善，如果即使遇到困难困惑或误解，你都选择硬撑，极力掩饰自己柔性的一面，那么会给男孩子一种错觉，你是"铁娘子""女汉子"，不需要男生哥们的安慰和关心，就难以擦出爱情的火花。

（56）与对象的朋友有过"渊源"，后面如何处理好三人关系？

答：如果与对象的朋友有过"渊源"，那么三个人在一起会感觉尴尬。建议恋爱过程中尽量不与对象的朋友单独相处，也跟对象提出，两个人相处时尽量少地让其他朋友加入。

（57）怎么样维持一段异地恋？

答：异地恋聚少离多，相对比较辛苦，而且双方磨合的机会偏少一些。但是异地恋也可以考验一个人，不经常见面，在各种诱惑或干扰面前仍能相爱，说明爱的基础是牢固的。异地恋考验的是心灵的互通、灵魂的共鸣，这是异地恋带给我们的好处。所以，对于大学生来说，异地恋有利有弊，要正确看待，彼此珍惜、包容和成全。

（58）什么时间适合和女孩子开口表白？

答：建议条件成熟后，选择 个合适的时间、地点和由头进行表白。但是在表白之前首先要扪心自问，是否真的发自内心地喜欢这个女孩，喜欢她的哪些方面。建议提前了解她的三观和恋爱观，了解她的人品、性格、爱好和兴趣，感知一下该女孩是否适合自己，是否能够谈得来，在个性上是否契合。

（59）和女孩子多长时间联系一次算合适？

答：有适合的机会和好的话题时可以联系频繁一些；如果没有什么话题，联系可以不用太频繁，但是作为男生，建议你主动找话题，创造机会。如果你真心喜欢一个人，会慢慢喜欢上她所喜欢的事情，两人之间的共同语言也会变多，联系的频率自然会增加，每次交流的时间会更长。建议提高情商和沟通交流能力，让每次的联系更加浪漫、愉快和美好。

（60）如何开始谈恋爱？要怎么谈？

答：建议可以通过图书馆书籍或者名人札记，通过与长辈、朋友、同学之间的交流，通过"红梅引航"公众号的原创推文，提前了解关于恋爱的知识，全面提升自己爱的能力，努力做一个热爱生活、勇于担当的人。有了这些基础知识，当你喜欢上一个人或者彼此都有好感的时候，成为恋人就变得顺其自然。在恋爱过程中，要努力从对方的角度思考问题，考虑对方的感受，善于分享心情、创造浪漫情境，与对方分享一些日常学习或生活心得，拉近彼此的距离。

（61）我喜欢一个女生，在我看来她是个很好的女孩，我喜欢她有趣的灵魂，我喜欢她平和的心态，我喜欢她的善良乐观。可是她已经有男朋友了，而且我觉得他们的感情应该是很稳定的。但我真的觉得她很好，想向她表明我的想法，但又害怕给她带来困扰。我现在要不要找个时机表白？还是先等待？

答：如果对方已经与男朋友建立了和谐稳定的恋爱关系，那么暂不要去表白。因为这样可能会引起两位恋人的误解，给他们带来不必要的困扰。可以把这份感情放在心里，祝福他们！

（62）地域差异对爱情的影响大吗？

答：地域差异是两人开启恋情时需要考虑的一个因素，但不是决定性因素。地域差异是否会给婚恋带来阻力，关键看两人能否彼此包容。来自不同地域的男孩女孩在开始恋爱时应该加强了解，将地域因素纳入双方交流的话题，应从长远的角度对未来进行合理的规划。

（63）为什么和一群人相处能积极表达，但和某个人单独在一起时又不知道该说些什么？

答：当你很在意一位异性的时候，你会很在意对方对你的印象及评价，所以会产生拘束感。建议积极与其相处，了解其性格与喜好，寻找一些话题，增进交流，同时还要大胆、自信、阳光，这样才能让她感受到与你相处的快乐，从而认可你，接受你。

（64）如何看待和处理异地恋？

答：异地恋是一种很普遍的恋爱现象。信任、忠诚、有效的沟通是建立稳定异地恋的前提和基础。信任是恋人之间相互尊重的最基本体现，缺乏信任的异地恋是不堪一击的；忠诚是一种高尚人格，在爱情中更体现为一种道德和责任；有效的沟通是保持和增进恋人之间的感情的最好方式，学会从对方的角度考虑问题，学会理解、主动关心对方，偶尔的小惊喜、小浪漫也是促进感情升温的方式。恋人双方拥有共同的奋斗目标，在学习、工作生活中相互鼓励、相互促进，这样的感情会更加稳固。

（65）如何平衡考研和爱情？

答：兼顾学业和爱情，属于一种非常好的恋爱关系，这样的典范比比皆是。考研和爱情并不冲突，恋人双方可以彼此促进，共同进步，为对方提供有益建议并给予鼓励，也可约定一起考研，比翼双飞。

（66）工科男孩子普遍比较不自信，不知道谈恋爱时该跟女孩子谈什么。该怎么树立自信心呢？

答：这暴露了一个值得深思的问题，那就是大多数男孩和女孩并不太注重与异性同学的人际交往，课余花在电子工具上的时间比较多，这导致他们相对自我或自封，不了解异性，有一定的社交恐惧，沟通交流能力相对较差，一旦谈恋爱了,甚至难以进行正常的沟通。建议增强全面发展的意识,积极参加各项活动,扩大自己的优质朋友圈,尝试与更多优秀的同学进行交流,尝试与异性相处。同时,提升自己爱的能力,关于爱的能力《爱的艺术》一书有专门的指导。在以上这些方面加以关注,加强平时的日积月累,恋人之间的交流就不会成为问题。

(67)只是觉得彼此适合,没有爱情,要结婚吗?

答:既然感觉彼此适合,那么我个人认为感情是可以培养的,爱情也是可以培养的。专注、耐心、高度重视,善于营造浪漫情调,善于温情表达,久久为功,日久生情,可顺其自然进入婚姻。

(68)不期待恋爱和婚姻正常吗?

答:首先,我个人认为,在大学阶段不期待恋爱和婚姻是正常的,因为大学生要将注意力聚焦于学习和全面成长。但是即使暂时不期待婚恋,也亟须及早树立正确的婚恋观,提升"爱的能力"。

(69)被长辈催婚怎么办?

答:如果没有遇到合适的人,或者条件尚不成熟,即使再被催婚,也不要为了结婚而结婚。婚姻关系着人一生的幸福和价值的实现,关系到生育下一代等,需要认真对待。长辈催婚是出于对孩子的关心,出发点是好的,但也常常给青年人带来过多的压力,甚至激发他们的逆反情绪,导致青年人不能客观地看待婚恋,做出不恰当的决策。作为子女,要态度友好地劝说长辈尽量不要催婚。

(70)所有的爱情最后都会归于平淡吗?

答:部分人善于呵护彼此、让爱情保鲜、维持一辈子的激情与幸福。建议情侣们以他们为目标,付出足够的勇气和努力,肩负起足够的责任与担当。

(71)物质重要还是爱情重要?

答:爱情更为重要。对大学生来说,有了爱情,基本的物质条件是可以靠两个人的智慧和双手去创造的。

(72)从爱情到婚姻的阻力是什么?

答:因人而异,有的情侣非常顺利地从爱情走到婚姻,有的则阻力重重。从表面看,阻力可能来自父母的反对、周围亲戚朋友的不赞成、经济上的困扰、双方的误会、对婚恋的犹豫不决或者其他困难。我个人认为,真正的阻力还在于情侣之间。情侣情投意合,志趣相融,即使再大的外在阻力也不能撼动爱情的根基。

(73)怎么看待"门当户对"?

答:现如今,婚恋中的"门当户对"主要指情侣双方的三观一致,志趣和追求也基本一致。情侣双方只要在这些方面达成一致,那么大体上就可以称得上"门当户对"。另外,情侣双方的成长背景、家庭条件和社会地位是否一致也是"门当户对"中的重要因素,但不是决定性因素。

(74)考虑婚恋对象时,有哪些方面易被忽视但又很重要?

答:人们容易注重外表和外在因素,忽视人品和习惯。容易注重缺点,忽略优点。容易注重对日常行为的考察,忽略在挫折和矛盾的情境中进行考察。容易注重言行,忽略对动机、观念及思想的考察。容易注重考察当前的表现,忽略从更大的格局、更长远的角度去看待一个人或事。

(75)怎样处理自己与父母在婚恋观上的矛盾?

答:这是一个非常重要但尚未引起高度重视的话题:引导大学生树立正确的生育观。生育观是婚恋观的重要组成部分,同时也是世界观、人生观、价值观的重要组成部分,涉及伦理,涉及人与自然及社会的和谐关系的构建。我的建议是,青年人理应承担起人类繁衍传承的责任和义务,父母带我们来到这个世界,我们享受到了父母之爱,也应该将爱的接力棒传递下去。在实现民族伟大复兴的征程中,生育观关系国之根基、社会发展之动力、民族之未来。

(76)既然校园恋情走到婚姻的几率不太高,还有必要在大学恋爱吗?

答:应正确看待校园恋情,恋爱的目标应指向婚姻,一旦发现双方不适合继续恋爱,就应及时结束恋情。这样的恋爱,是有意义的实践,可以积累经验和力量。

婚恋问答（五）

（77）婚姻与恋爱的关系是什么？

答：爱情是婚姻的出发点，婚姻则是爱情的归宿。以婚姻为目的谈恋爱，是婚恋道德与责任的要求。

（78）恋爱谈多久适合？恋爱多久结婚最适宜？

答：没有固定答案，因人而异，应具体问题具体分析。有的恋情可能随时终止，有的恋情也可能会延续几年乃至十余年甚至数十年，直至结婚。倡导在恋爱过程中充分地沟通磨合，夯实感情基础。

（79）异地恋都会被现实打败吗？

答：现实中异地恋的现象普遍存在。结婚后仍然分居两地的夫妻也并不少见，他们相对比较辛苦，但也有乐趣。决定异地恋是否被现实打败的核心在于感情的基础是否牢固、能否坚守婚恋道德、是否真正地志同道合，以及维系和促进感情的方式方法是否有效。异地也只是暂时的，可以通过考研、工作调动进行改变。

（80）怎样才能确定伴侣是否适合步入婚姻？

答：只要双方感情基础牢固，沟通顺畅有效，在核心问题上的看法一致，遇到矛盾、困难和挫折时仍能携手共进，个人认为就具备了步入婚姻的条件。

（81）2005 年出台的《普通高等学校学生管理规定》允许在校大学生结婚，对此您有什么看法？毕业就结婚好还是晚点结婚好？

答：什么时候结婚，关键还是要看恋情的进展，建议在大部分条件都比较成熟的情况下结婚。

（82）您认为一个人结婚的理由是什么？

答：人具有自然属性和社会属性，同样也担负有社会责任和家庭责任，婚姻是社会生活重要的组成部分，也是健全人格的有效途径。人们通过婚姻在获得全方位的爱的同时也在传承爱的力量，从而使自己获得更全面的成长，使社会变得更为和谐美好。

（83）婚姻和恋爱是一样的吗？在婚姻中是选择自己喜欢的还是适合自己的更为恰当？

答：在婚恋中，最理想的情况是，彼此适合且相爱，两个人的志同道合、相互爱慕是婚恋幸福的关键。

（84）如果对方有些隐私不想让你知道，你会选择尊重对方，还是会生气，觉得他/她总有事瞒着我？

答：我可能会好奇，但我选择尊重。因为经过了一段时间的交往，应该完全了解对方的为人。

（85）您觉得在大学谈恋爱重要吗？如何看待"大学生毕业就等于分手"？

答：谈恋爱需要满足三个前提条件：一是你喜欢或者有好感的异性出现；二是你们碰出了火花，你不再处于单恋或者暗恋；三是你们的恋爱的指向是婚姻，即使你还不能判断最终能不能将爱情进行到底并走进婚姻。满足了这三个条件，建议你试着谈恋爱吧。

大学谈不谈恋爱并不重要，因为大学生的主要任务是学习及成长，不能为了恋爱而恋爱。大学时期的情侣是有可能成功走进婚姻的。大学生情侣往往会在毕业时认真评估自己的恋情，部分感情基础不牢、对彼此信心不足的恋人，可能会果断地结束恋情，这其中有很多是理智的选择。

（86）如果我的恋人是一个没有什么经济基础的人，但父母希望我可以找一个"门当户对"的人，请问是"门当户对"重要还是感情基础重要？我应该向父母妥协吗？组成婚姻的两个人是否一定要"门当户对"？

答：自己的婚恋应由自己做主，父母的建议仅供参考。父母希望孩子找一个"门当户对"的人，这样的想法是有道理的。"门当户对"一般指双方的三观、成长经历、经济条件和社会地位等相似或相近，在"门当户对"的婚姻中，家庭成员比较容易相处，产生的矛盾可能更容易调和，所以"门当户对"是很重要的。

但是组成婚姻的两个人即使不是"门当户对"，也可以过得幸福美满，这其中关键看两个人的三观、婚恋观是否一致，是否志同道合，感情基础是否牢固，爱的能力是否强大。

（87）爱情到最后都会变成亲情这种观点正确吗？

答:我不赞同这样的观点。恋人之爱、夫妻之爱与亲情是性质不同的三个概念。其实,有一部分人是能够将婚姻中的激情维系一辈子的。

(88) 看过很多悲剧的婚姻,怎么避免"恐婚"心理?

答:月有阴晴圆缺,婚姻有幸福的,也有不幸福的,主要问题不在于婚姻本身而在于婚姻中的男女。我们要学会抽丝剥茧,分析造成婚姻悲剧的原因,而不是一味地对婚恋恐惧。勤奋学习,努力成长,让自己成为一个积极、乐观、优秀的人。同时,树立正确的婚恋观,全面提升自己爱的能力,扩大朋友圈,努力创造和把握机会。

(89) 对于婚姻,是否应该完全遵照父母的意见? 我们的婚恋没有达到父母的预期,父母没有给予足够的祝福,我们应该如何面对?

答:对于父母的建议我们应认真参考借鉴,但是婚恋的决定权在于自己,父母仅有建议权。父母没有给予足够的祝福会增加我们的顾虑和压力,但如果你们确定这段恋情值得排除困难坚持到底,那么建议你们坚持自己的决定,努力用行动让父母心悦诚服。

(90) 一见钟情和日久生情哪个更靠谱? 日久生情真的存在吗?

答:日久生情更靠谱,爱情需要经历考验。建议用较久的时间去相处,去考验双方是否真的相爱。

(91) 现在结婚要彩礼违不违法?

答:我国的婚姻法第三条规定:禁止包办、买卖婚姻和其他干涉婚姻自由的行为。禁止借婚姻索取财物。双方家庭通过友好协商自愿达成的类似于彩礼的约定并不违法。但结婚要彩礼,是"陋习"。我个人强烈呼吁新时代的人们要移风易俗,与彩礼说"再见",让青年人的婚恋更加轻松自在和幸福。

(92) 爱情是否需要建立在坚实的物质基础之上?

答:爱情需要一定的物质基础,这是毋庸置疑的。物质条件好一些,两个人可以生活得轻松些,压力小一些。但不建议把物质基础看得过重,大学生恋爱时的物质基础基本是父母积累起来的,重点还是应该放在两个人努力打拼、勤奋积累,这样的生活更充实,感情基础也更牢靠。2022 年 5 月 10 日,习近平出席庆祝中国共产主义青年团成立 100 周年大会并发表重要讲话。习近平在大会上说:奋斗的青春真美丽! 这句话是很有道理的,即使钱再多条件再好,不是自己挣的,就不一定能给自己带来真正的幸福,有时会适得其反。

(93) 大学生应该树立怎样的消费观? 恋爱期间,如何处理情侣之间的财务问题？如何合理地为对方花钱？

答：建议大学生树立勤俭节约的消费观。要敬畏自己花的每分钱，那都是父母辛辛苦苦挣来的，要尊重父母的劳动。要旗帜鲜明地反对形式主义、享乐主义和奢靡之风，不搞攀比。谈恋爱既不是比美也不是比富。恋爱期间，建议彼此财务独立，消费时采取轮流买单的方法克服 AA 制可能带来的尴尬，在能力承受范围内为另一方适当多花点钱也是可以的。恋爱期间不建议频繁采取物质手段去示爱，比如说，送对方一朵野花或许也能达到效果。建议参考本书第一篇中的文章《恋爱期间的经济"原则与约定"》。

（94）要选择爱你的人还是你爱的人？

答：这个问题要分阶段来看。如果仅处在恋爱的初期，可以选择爱你的人或者你爱的人去尝试相处，因为感情是可以培养的，是需要经营的。但婚姻要以互爱为基础，在此基础上一方爱对方多一点，是很常见的情形。

（95）婚恋中，主动好还是被动好？

答：有人表达爱的方式比较委婉，有人表达爱的方式比较直接；有人比较主动，有人偏被动；一对情侣之间要寻求一个平衡，要彼此感觉舒服。但从建立更高效更幸福的婚恋关系的角度看，每个人都要有主动的意识，主动给予爱、创造爱、呵护爱、拥抱爱、维持爱。

（96）没有爱情的婚姻可以长久吗？

答：没有爱情的婚姻可能长久，也可能不长久。双方不管是出于什么原因而缔结婚姻，只要走进了婚姻，就应接受道德和责任的双重约束，而道德、责任和家庭义务这三种力量是非常强大的。在过去的包办婚姻、媒人介绍的婚姻中，不少夫妻在结婚时也未必产生了刻骨铭心的爱情，可是他们却能够白头偕老。

（97）恋爱中觉得伴侣不符合自己的要求，想结束这段感情，但却对方爱意很浓，应该怎样沟通？

答：首先，认真审视一下自己对于情侣的要求是否合理，考量自己退出这份感情的决心强不强。如果"去意已决"，那么还是要尽早沟通。但在沟通时要考虑对方的心理承受能力，给对方一个合理的情感缓冲期，对两个人之前的相处、特别是对方的付出给予负责任的评价，同时透彻分析自己提出分手的原因，尽可能让对方心平气和地接受。要对对方可能产生的悲伤情绪有充分的预估，可能的话，尽可能进行合适的安慰，帮助其走出情绪低谷。

（98）如何走出上一段恋情的阴影？失恋后怎么调整心态？

答：第一，要扪心自问，是否还相爱。第二，不要为自己找借口，如果曾经的爱已经荡然无存，建议果断放手，不要因为寂寞又试图联系对方。第三，清理与对方相关的物品、社交网络、手机号码，避免引起情感的波动。第四，多参与户外活动及社会活动。第五，提升自信，加深对爱情的认识。调整好心态，做当下最好的自己。

（99）拥有过再失去和从未拥有过哪个更难过呢？

答：拥有过才能知道是否彼此适合和真心相爱，如果不适合不相爱，这样的"失去"既是必然的也是理智的，暂时的情绪低落可以理解。就大学生而言，由于时机未到或者当前集中精力忙于学习和自我成长而没有经历过爱情是一个再正常不过的现象，我认为这不值得难过。

（100）如何区分喜欢和爱？不知道爱情到底是什么，我们应该怎么看待？

答：喜欢是一种异性之间在生理、心理和环境影响的交互作用下，互相倾慕和培植爱情的过程。爱情是人与人之间最强烈的吸引之一，是指生理、心理成熟到一定程度的个体对其他个体产生的一种高级情感,表达了人与人之间的强烈的依恋、亲近、向往,以及无私、专一并且无所不尽其心的情感关系。建议根据以上学术定义进行理解和辨别。

（101）如何看待恋爱时有的人觉得感觉重要,而有的人觉得理性选择重要?

答:仁者见仁,智者见智,每个人的立场、观点和情感体验不尽相同。建议将感性与理性结合起来。

（102）大学生如何区别理想中的爱情和现实中的爱情,从而树立正确的婚恋观?

答:理想中的爱情是指个人基于自己的婚恋观,在个人意识中形成的自己期待的爱情的样子。在恋爱过程中,人们往往会情不自禁地将现实中的爱情与理想中的爱情进行对比,有时能产生正向激励、正向引领,有时也可能会带来较大的挫败感。我们要认识到理想中的爱情与现实中的爱情必然会有差距,尊重现实、活在当下、认真对待现实中的爱情才是理性的态度。

（103）请问您对现在有些同学的快餐式恋爱怎么看?

答:快餐式恋爱是指把恋爱当成"快餐",满足了对异性的好奇心,获得了与一位异性的交往体验后,再把目光投向另一个异性,频繁更换恋爱对象,不考虑将爱情进行到底,也不以婚姻为目的而恋爱。我认为,要摒弃这样的做法,因为它违背了恋爱道德。恋爱是一种美好纯洁的情感体验,每个人都应认真对待。进行"快餐式"恋爱的同学,往往为其他同学所不齿,由此获得的"风评"极差。

（104）喜欢上了隔壁学院的一个女生,但是没有勇气表白,我该怎么办?

答:鼓起勇气,创造并把握机会表白。跨出这一步很重要,走出这一步之前,你仅仅是暗恋。跨出这一步之后,如果女孩对你有好感,愿意与你相处,那么将可能演绎一段美好的恋情;如果女孩委婉拒绝,则应果断终止。但不表白永远不知道答案。

（105）我和同班一个女同学是很好的朋友,我想向情侣关系发展,但不敢表白,怕最后连朋友都做不了,我该怎么办?

答:建议利用机会进行试探。如果对方拒绝了,那么就踏踏实实地做普通朋友,毕竟两个人的友谊深厚,确保不要有过激反应或特别大的情绪波动。

（106）我们恋爱快一年了,但是现在经常为一些小事争吵,请问是否该继续这份感情?

答:在恋爱的过程中,为小事争吵是不可避免的。每次争吵后需要认真反思:为什么会争吵,问题的核心是什么,怎样做到以后不再为同样的事情争吵。只有总结反思才能找到问题的症结,从而有效地解决问题,共同改善,"经营"好这份感情。在沟通方式上,双方还可以做一些约定,比如"当日事当日毕""在一方心情不好或生气的时候,另一方不允许生气",以免伤害感情。如果小事反映出来的是原则性问题,那么就要好好考虑是否该继续这份感情了。

(107)高中阶段就开始相处的女朋友,现在异地,现在在大学里又有喜欢的人了但还没有表白,这种情况下,我该怎么处理三者之间的关系?

答:专一是爱情的道德要求和核心要素。建议认真审视一下自己与高中女友的感情,并做出继续恋爱或者分手的决定。在把上一段感情安放好,间隔一段时间后,再向目前自己喜欢的人表白。

(108)高中相处的女朋友,身处异地,现在要跟我分手,据了解女方已经有了新的男朋友,但是我不想分手,我怎么挽留?

答:建议不要挽留,因为这样的女孩情感不专一,已经违反了婚恋道德,这是原则性问题。或许在她内心深处已经没有了你的位置,挽留她已经没有太大的意义。

(109)谈了一年的男朋友,到现在为止没有什么感觉,想分手,又怕伤害对方,我该如何处理?

答:如果已经想好了分手,建议尽早沟通,沟通时要考虑对方的心理接受能力,对两个人的相处,特别是对方的付出给予肯定评价,给对方一个合理的情感缓冲。同时,透彻分析自己的想法、提出分手的原因,尽可能让对方平静地接受。另外,对对方可能产生的激烈反应要有充分的估计。

(110)一个学期先后交了五六个男朋友,发现刚开始还是很喜欢,后来就不知为什么没有好感了,然后就分手了,现在对爱情很茫然,我该怎么办?

答:一个学期先后交了五六个男朋友,这样的频率显然太高。从开始相处到决定分手,再到迅速与下一个男朋友相处,这个过程里不仅缺乏理性思考,也缺乏足够的交流,体现了自我认识不清,婚恋观模糊不清。建议先将主要精力放在学习上,有意识地加强自我教育,待心理等各方面条件进一步成熟,且合适的男孩出现再考虑。

(111)不喜欢和异性的朋友相处,但是又很想谈恋爱,我该怎么办?

答:这可能是由于自我认知不足,或者生理成熟而心理不成熟。运用柏拉图和苏格拉底谈论爱情的著名"摘麦穗理论",想要摘到最大最金黄的麦穗,前提条件是必须走进麦田,进行认真观察和勇敢选择。建议不要将自己封闭在狭小的交往圈里,多创造机会与异性交往,为自己找到最心仪的"麦穗"做好足够的准备。

（112）自己有个很好的异性朋友,彼此都有好感,但是都不愿意突破这种关系,我们经常一起吃饭、玩耍,这样是否存在问题,我该如何在这种关系中进退?

答:这是一件很好的事情,这样的关系不存在问题。建议主动突破这层关系,努力将这样一种普通朋友转化为情侣的关系。如果"哥们关系"在对方心里已经根深蒂固了,即使做不成情侣,这样的普通朋友关系还是大概率可以维系的。

（113）如何树立正确的婚恋观? 需要注意哪些方面?

答:建议参考借鉴本书中的《构建新时代大学生婚恋观的"四梁八柱"》这篇文章,这其中对于婚恋观的内涵有比较全面的阐述。树立正确的婚恋观,还需要多阅读书籍和资料,了解爱情的内涵,并与各年龄层次的人进行交流,开展适当的考察,从而帮助自己建立合理的人生规划,全面提升自己爱的能力。

（114）同班的男生与女生之间好像隔着一堵墙,感觉大家都不愿意去主动交流,老师有什么建议吗?

答:这样的现象应引起大家的重视。男生女生之间缺乏交流会导致不了解异性、与异性相处没有话题、自我意识过强等。异性之间的交流与交往是婚恋的基本前提。建议大胆主动地与同学、特别是异性同学进行沟通交流,这样不仅可以锻炼自己的人际沟通能力,而且可以拥有更多的机会遇见另一半。

（115）您觉得一段恋情结束后,间隔多长时间开始第二段恋情比较合适?

答:建议至少 2 至 3 个月的时间,最好能间隔半年以上的时间。一方面,大学生的主要精力应该集中在学业上,要分清主次。另一方面,一段恋情结束后需要冷静思考、总结和调整,切勿心浮气躁。

（116）父母总希望我早点找女朋友,但是我在大学期间不打算谈恋爱,打算等工作确定后再去谈恋爱,我这样的考虑没有问题吧?

答:青春的底色是成长和奋斗,奋斗的青春最美丽! 恋爱的时间可早可迟,因人而异,并没有统一的标准。工作确定后,无论是物质条件还是未来的确定性相对来说都得到了提升,在恋爱对象的选择方面也会更加理性,我觉得这样的考虑没有问题。

第二篇

家教"早课":"教育定力"与"内生动力"

　　家庭教育深刻而久远地影响着大学生的成长,大学生所面临的诸多问题,或多或少都可以在家庭教育中找到痕迹。在大学阶段统合学校与家庭的力量,有针对性地开展干预和矫正,往往能起到事半功倍的效果。

　　在家庭教育理念革新以及"双减""三孩"等政策推进的背景下,提升大学生家庭教育素养,不仅为大学生前期接受的家庭教育"补课",也为大学生"未来父母"的角色"备课";不仅增强了"未来父母"的家庭教育能力与定力,也有效地激发着他们成长的内生动力。

我为什么要"深耕"家庭教育

　　我的童年记忆可谓充满了酸甜苦辣，丰富多彩，有滋有味。小时候我常住在如皋的外婆家，外公是熟读四书五经、精通书法绘画的私塾先生，外婆勤劳善良、外柔内刚。他们给我引路立榜，他们人格的力量滋养着我的成长，直至如今，我一直认为他们既平凡而伟大。

　　外婆在2021年暑假永远地离开了我，但她却一直活在我心里，我脑海里常常浮现和外婆相处的段段场景。今年暑假回老家，我独自驾车返回扬州，当车行驶到外婆家不远处的高速路段，远眺外婆家的方向，我突然泪流满面，情绪一时难以自抑，连自己都被这份复杂的离别情绪震撼到……

　　家庭教育给我留下了无法磨灭的烙印，长辈们用言行教导了我，用人格力量激发了我成长的内动力，让我学会了感恩。从小我不在乎吃什么、吃饱就行；不在乎穿什么，有的穿就行；假期里，我和哥哥几乎"承包"了家里除田间农活外的所有家务活，用这样的努力，腾出时间让爸爸妈妈去多挣钱，使家境慢慢殷实起来……

　　爸爸不识字，妈妈也因为贫穷读了小学一年级就辍学在家，帮衬外公外婆勉强维持大家庭的生活。他们不会写字读报，不会辅导功课，我的学习得自己独立完成。就像我在本书中《"激发成长内动力"是教育的灵魂》这篇文章中提到的那样，我小学时期除作文、硬笔字、粉笔字好之外，学习成绩一直不好，数学甚至还补考过一次。但我具有很强的独立思考能力，高中阶段我确立了自己的学习方法和目标。

　　对比现在身边的孩子，我愈发觉察到，随着经济社会的快速发展，物质条件的不断改善，孩子的父母可能不再需要像我们的父母和祖辈一样艰苦奋斗，但很多家庭越来越注重物质给予，而轻视精神塑造。家长给予孩子的物质越来越丰富但精神引领却越来越淡薄。虽然家长有了更多的时间陪伴孩子,但更多地将目光聚焦在孩子学习成绩上,不少孩子缺少了玩伴、玩耍以及趣味。

我一直在关注着家庭教育的这些变化,内心也泛起了一些忧虑,"怎样才能帮到这些孩子?"在我留校任辅导员的第三年也就是 2000 年,我组织发起了"家庭教育:我能为你做什么?"的大学生暑期社会实践,奔赴扬州城北农村开展走村串户式的教育理念宣传和一对一的学业辅导活动。这项工作引起了强烈的反响,受到了家长和孩子的欢迎。

辅导员的工作首先要读懂学生、理解学生,顺其自然地与其共情。为了更好地读懂学生,了解他的成长背景,我通常需要与家长保持良好的沟通联系,努力构建起学校与家庭的教育合作,构建家校育人的共同体。

在这种理念的指导下,我发起了助学攻坚行动。从 2000 年组建的数个助学对组,到 2019 年组织发起的覆盖学院所有挂科学生的助学帮扶,我调动学校资源和同伴资源打造了"学业帮扶的兜底性民生工程",形成家校育人合力,反哺家庭,助力家庭教育,让所有参与的学生和家长一起尝到了幸福的味道。

我从大学生辅导员这个视角,贯通式地考察了孩子从中小学至大学的成长轨迹,对"问题学生"背后的家庭教育进行溯源分析,我最深刻的体会就是一定要遵循孩子的成长规律和教育规律。三观是人生的基石和航向,无论是大学生的思想政治教育,还是家庭教育,如果忽略了正确三观的引导,那么,孩子在人生道路上迟早是要出问题的。

因此,需要更多的老师和家长去研究孩子的成长规律,树立正确的教育理念并身体力行地进行传播。这也是我"深耕"家庭教育的出发点。

拿破仑说:推动摇篮的手就是推动世界的手。家是最小国,国是千万家。优质的家庭教育足以支撑孩子一生的成长,深刻影响家庭中的几代人,长久影响社会的发展。2022 年 1 月 1 日,《家庭教育促进法》正式实施,家庭教育由家事上升为国事,家庭教育将成为一个新兴的学科领域,需要更多的人加入。

我们应当看到,作为"未来父母"的大学生也需要提前了解家庭教育。我们在大学生中开展了一项调查:"你觉得大学阶段提前学习家庭教育的相关知识理念有无必要?"该问题设置了两个选项:非常必要、没有必要。84.38%的学生认为非常必要,仅有 15.62%的学生认为没有必要。数年后大学生们就会成为孩子的父母,提前在家庭教育方面"充电"将对他们自身及其孩子的成长乃至整个社会产生深远影响。因此,我开设了"新时代大学生婚恋家庭素养教育"公选课,将婚恋观、生育观、家庭教育观都融合进来,让学生获得更全面的引导,我相信这将会有效助力他们事业的发展和婚姻家庭的幸福。

"深耕"家庭教育,必会参与到大中小学思政一体化的时代潮流中来,家庭教育的一体化是思政一体化的核心内容和应有之意,在学校教育的末端对大学生的家庭教育进行溯源,然后将研究成果传递给学校教育前段或中段的教育工作者及家长,为家庭教育提供一个长远的指引。这样可以让更多的家庭在开展教育时少走些弯路,少踩空步,少做无用功,少一些适得其反的努力,少一些家庭内耗。

另外,家庭教育矫正也是非常必要和有效的举措,但这需要专业人士参与进来一起努力,帮了一个家庭,就改造了一个小世界,给了一个孩子无限种可能,为社会创造了更好的未来。

正确的三观是家庭教育最重要的"生命与支点"

　　三观是指世界观、人生观、价值观，三观之间辩证统一，相互作用。世界观是人们对世界的基本看法和观点。世界观决定一个人的价值观和人生观。世界观与人的理想、信念有机联系，对理想和信念起支配和引导作用。同时，世界观也决定了人的整个精神面貌，直接影响人的个性品质。价值观是指一个人对周围的客观事物（包括人、事、物）的意义、重要性的总评价和总看法。人生观是对人生的目的和意义的根本看法。

　　将树立正确的世界观、价值观和人生观的重要性，比喻为"生命的支点""人生的根基""树木的根系""鱼儿生存的水"，也并不为过。

　　反思近30年的大学生辅导员职业生涯，我得出这样两个相辩证的结论：一方面，只要没有树立三观或者三观不正的学生，一定会在人生道路上出问题，出现问题的时间可早可迟，大概率在大学生时代，问题就会凸显。另一方面，只要大学生在学业、思想或心理上出现明显问题，我们一般可以发现他在三观上存在一定的缺陷，同时，在他的家庭背景、接受的家庭教育中，往往也能发现源头。

　　家庭教育，别无选择，必须关注孩子的三观养成。孩子未来能走多远、飞多高，抗击挫折能力强不强，能否真正幸福，能否与社会同向而行，人生意义大不大，都与三观密切联系。显然，帮助孩子树立正确的三观，是家庭教育中最重要的"生命与支点"。

　　那么，家庭教育如何才能帮助孩子树立正确的三观呢？我提出以下建议。

　　一是，父母要真正认识三观的重要性。父母是实施家庭教育的主体，是家庭环境的主要建构者，是孩子的第一任老师。只有父母真正认识到了三观的重大意义，才能为孩子的三观教育打下基础。

　　二是，父母要从自己做起，率先树立正确的三观。教育是一个灵魂唤醒另一个灵魂,是一朵云推动另一朵云,是一棵树撼动另一棵树。作为家庭教育的实施者,我们家长首先要审视自己:我们有明确的三观吗?我们的三观正确吗?我们的三观能不能成为孩子的示范或榜样?我们的言行、态度、情绪、心理活动,无时无刻不暴露在孩子的眼下,对他产生着潜移默化的影响,润物无声地塑造着孩子的三观。因此,想要孩子好,父母就必须从自己做起,率先树立正确的三观,约束自己的言行举止,让家庭教育充满正能量、充满生命力、充满真正的爱。

三是,善于灵活运用生活中的素材开展三观教育引导。如同万物生长一样,三观的养成也遵循着一定的规律,我们可以由少及多,由浅入深,聚滴成海。要引导孩子从学习、生活、人际交往中体悟做人的道理、人生的内涵、生命的意义、应有的奋斗姿态。善于发现孩子的喜怒哀乐,分析孩子遇到的问题与困惑,进行日常引导。这种"顶天立地"的教育,易于孩子接受,容易产生刻骨铭心的效果。另外,注重用一些优秀的影视节目、可歌可泣的红色故事对孩子进行引导,传承红色基因,有效帮助孩子树立正确的三观。

四是,课程学习是教育的重要部分而不是全部,要注重孩子的全面协调发展。教育是一个系统工程,一场爱与被爱的修行,是心理、生理、知识和社会化技能的全面和谐发展。其中,信仰和三观最终决定了一个人生命的力量、人格的水准以及人生的高度。

家庭教育是教育的起点和源头,父母不能将孩子的三观教育引导全部寄希望于学校,而应主动担责,主动作为,托起家庭教育的"生命与支点"。

帮孩子厘清"个人与国家"的关系

镜头一：岳母刺字"精忠报国"

岳飞十五六岁时，北方的金人南侵，宋朝当权者腐败无能，军队节节败退，国家处在生死存亡的关头。岳飞投军抗辽，不久却因父丧，退伍还乡守孝。1126年，金兵大举入侵中原，岳飞再次投军。临行前，母亲姚太夫人把岳飞叫到面前，说："现在国难当头，你有什么打算？""到前线杀敌，精忠报国！"姚太夫人听了儿子的回答，十分欣慰，"精忠报国"正是姚太夫人对儿子的希望。她决定把这四个字刺在儿子的背上，让他永远铭记在心。岳飞解开上衣，露出精瘦的脊背，请母亲下针。姚太夫人问："孩儿，针刺是很痛的，你怕吗？"岳飞说："母亲，小小钢针算不了什么，如果连针都怕，怎么去前线打仗！"姚太夫人先在岳飞背上写了字，然后用绣花针刺了起来。但"国"却没有一点，象征国内无首。刺完之后，岳母又涂上醋墨。从此，"精忠报国"四个字就永不褪色地留在了岳飞的背上。母亲的鼓舞激励着岳飞，后来岳飞成为著名的抗金英雄，受历代人民敬仰。

镜头二：青年学生发起的五四爱国运动

1919年巴黎和会上中国外交的失败，中华民族面临屈辱的时局，前途和命运危在旦夕。1919年5月4日，北京的学生纷纷罢课，组织演讲、宣传，掀起了一场反帝反封建的爱国运动。以爱国主义为核心的五四运动成为旧民主主义革命和新民主主义革命的分水岭，也成为中华民族走向伟大复兴的历史起点。

镜头三：平均年龄只有28岁的青年人缔造了中国共产党

1921年7月23日是一个永载史册、充满光辉的日子。这一天，13位中共一大代表，与2位共产国际代表在上海一幢石库门建筑里，召开了中国共产党第一次全国代表大会。这是一次年轻人的会议。最年长的何叔衡不过45岁，最年轻的刘仁静只有19岁。十五位与会者的平均年龄28岁，正巧是毛泽东的年龄。

之后改变整个中国面貌的中国共产党,最初就是由这样一些年轻人成立起来的。

镜头四:习近平倡导的家国情怀"家是最小国,国是千万家"

2016年12月12日,习近平在会见第一届全国文明家庭代表时说:"历史和现实告诉我们,家庭的前途命运同国家和民族的前途命运紧密相连。我们要认识到,千家万户都好,国家才能好,民族才能好。国家富强,民族复兴,人民幸福,不是抽象的,最终要体现在千千万万个家庭幸福美满上,体现在亿万人民生活不断改善上。同时,我们还要认识到,国家好,民族好,家庭才能好。"

无论从国家和民族发展的历史脉络,还是从家喻户晓、流传千古的家教理念都不难看出:孩子是未来的希望,青年人是国家的脊梁;家庭教育作为奠基性力量,极大地影响着孩子的成长及其未来对于社会的贡献,千家万户家庭教育的正能量汇聚起来,就形成了推动社会前进、民族复兴的伟大力量。

因此,在家庭教育中,家长有义务有责任帮孩子厘清"个人与国家"的关系,孩子明白了"个人与家庭""个人与国家"的两对关系之后,才能做一个顶天立地的人,才能在风云变幻的世界潮流中不偏离方向,才能把自己的才智发挥在祖国和人民需要的地方,才能最大程度地创造人生价值,才能品味深层的幸福。

首先,我们了解一下家国情怀的时代内涵和时代价值。家国情怀是中华民族在长期的发展中形成的对家国共同体的认知、情感、道德和实践的统一体。家是最小国、国是千万家,家是国的家、国是家的国,这是家国情怀的认知基础。这种认知凝聚了中华民族精神气脉中最本真的、最动人的情感。在此情感基础上,升华出从爱亲敬长到忠于人民、报效国家的道德追求,最终体现为与国家民族休戚与共的担当和超越功利得失的作为。

家国情怀是中华民族最深沉的精神追求,是中华民族最鲜明的精神基因。家国情怀是新时代团结奋斗、自强不息的重要精神纽带,是每个人的人生追求。

其次,建议家长首先能深明大义,示范性地处理好"家与国"的关系。家长既是一家之主,也是孩子最重要的老师和领路人,需要自觉地强化和践行家国情怀。"立德树人"是中国特色社会主义教育的根本任务,对于"立何德""树何人",家庭教育当主动策应,以形成强大的育人法则,为家育儿,为国育才。

再次,建议家长在日常生活学习中潜移默化地引导孩子。生活即教育,我们在用爱滋养孩子的同时,不要忘记跟孩子说说"家国"的故事。我们在关注孩子学业的同时,不要忘记跟孩子说说我们家庭的起源、国家的发展进程。

让家有未来,让国有明天,唯有关注今天的教育才有可能实现。让孩子的成长与祖国的发展同向而行,让孩子的脉搏与祖国发展同频共振,让孩子未来可以为祖国添砖加瓦,这是家庭教育的伟大职责。

当孩子成长为青年、中年和老年,他或她都可以在人生不同的阶段,为我们可爱的祖国、伟大的党贡献一份力量。在庆祝建党100周年的今天,做称职的父母,提供有质量有分量的家庭教育,或许就是献给我们可爱的祖国、敬爱的中国共产党的最好的礼物。

遵循教育规律及孩子成长规律

有家有孩子的地方，就有家庭教育，但并不是所有的家庭教育都有"温度"，都有未来。

"孟母三迁"的典故是在告诉我们，环境熏陶、环境育人的重要性，家长应想方设法、尽己所能为孩子提供一个好的成长环境。岳母刺字"精忠报国"的故事是在告诉我们，父母应教导孩子爱祖国爱人民，与国家和民族同呼吸共命运。只有这样，孩子才能成为大国子民，国家才能拥有可赴国难的生生不息的力量。

平凡而伟大的孟母和岳母遵循教育规律及孩子的成长规律，用心用情努力教导，使孟子和岳飞都成了厥功至伟的人才，为后人所仰慕。此时此刻，为人父母的我们，也应敬畏家庭教育这项至关重要的工作，敬畏孩子与我们共同成长的这段重要历程。一位好老师，或许能够影响孩子几年，但是家长的影响力却伴随着孩子的一辈子！孩子是家长的唯一，教育好孩子是父母最重要的事。

教育本身就是一门大学问、一个复杂的系统，它有自己的规律。教育规律同其他规律一样，是不以人的意志为转移的客观事物，是在教育内部诸因素之间、教育与其他事物之间存在的必然的联系以及事物发展变化的必然趋势。遵循教育规律，是教育孩子的前提。

孩子成长的规律，就是孩子在成长历程的各个阶段所体现出的生理和心理特点。父母在实施家庭教育时要遵循孩子的成长规律，尊重孩子的心理需求，富有耐心和爱心地陪伴孩子成长。遵循孩子的成长规律，给予孩子足够的成长空间，而不是按照成人的眼光、标准，或根据家长自己的节奏和心情去教育孩子，拔苗助长，操之过急，最终反而会伤害了"幼苗"。

教育规律以及孩子的成长规律，是家长必须掌握和遵循的。家长作为孩子的第一任老师，要想给孩子一碗水，首先自己必须要有一桶水才行。所以，家长

要勤于学习、终身学习。

我们学习知识可以按照由大到小、由面到点的顺序进行。首先,要树立科学的教养理念。比如,要遵循教育规律、孩子的成长规律;没有教育不好的孩子,只有不会教的家长;孩子是一颗还未开放的花蕾,耐心浇灌,总有一天会开放;陪伴孩子是父母最幸福的事情,只要条件允许就要把孩子带在身边,如果不能带在身边,也要心有所系,父母与子女是有心灵感应的;父母在做孩子在看,关注自己的品德和言行,秉持积极的人生态度,遇事不急躁不气馁,孩子长大后自然会成为一个优秀的人。

其次,情绪糟糕时应保持理智与冷静。自己情绪不好时,千万不要向孩子发泄,口无遮拦,那样会吓到孩子,让孩子内心没有安全感,甚至留下阴影。孩子虽然弱小,但绝不是我们"欺负的对象",父母要如"铜墙铁壁"般保护好孩子,特别是不要让孩子的心灵受伤。在孩子情绪不好时,不能不分青红皂白地怒斥,要耐心地宽慰,引导孩子说出内心的不快,只有这样才能了解孩子身处的困境,及时地帮助孩子。

再次,不要强迫孩子去做他不喜欢的事情。父母能做的是传授一些知识,引导一个发展方向,在大是大非面前坚持原则和底线。尽量不要去强迫孩子,而是注重潜移默化的引导。常常强迫孩子去做他不喜欢的事情会产生强大的逆反作用,当孩子成长到一定阶段,如果这样的逆反作用得不到有效的疏导,可能会毁了孩子,在亲子之间形成无法逾越的鸿沟。家长可以构设情境,顺势利导,让孩子自己心悦诚服地去做,这样的做法才有效。

最后,激发孩子的内动力和主观能动性。这是教育规律的核心,也是教育追求的至高境界。孩子的自我奋斗、自我教育、自我成长的"发动机"一旦开启,他的成长就会进入良性循环:品德好,学习刻苦,进步快,得到大家的认可和表扬,各方面表现又会更好。这样的家庭教育才更有"温度"更有未来!

想拥有成功的家庭教育,首先要遵循教育的规律和孩子成长的规律,这是必须遵循的"生态法则"!

"激发成长内动力"是教育的灵魂

"激发成长内动力"是教育规律的核心、孩子成长规律的核心,这应成为家长们热议的话题,也应该成为大中小学老师们研讨的课题。我一直在思考这个话题,一直在实践这个主题,一直想把自己的感悟写出来分享给更多的人。

2000年,我初为辅导员,眼看着自己负责的班级里有的学生学习成绩一塌糊涂,个别学生"红灯笼"挂了一排,我心急如焚,特别想帮帮这些孩子。我给他们讲自己的故事,做思想工作,跟他们商量我的方案:在班上同学里挑一个品行好的、成绩优秀的、宿舍靠近的同学,与他一起结伴学习。得到肯定后,我就去找他指定的这位同学,也做通他的思想工作。第三次谈话就让他们当面达成约定。就这样,一个"1+1互助小组"就建成了。

用这样的方法我帮了不少学生,我再次回到母院水利科学与工程学院任辅导员后,就在全院范围内开展助学攻坚行动,践行"激发成长内动力"的行动方案。如果我们仅仅找这些孩子谈话,就是磨破了嘴皮子,他们落下的课程还是学不会,"1+1助学攻坚"发挥了很积极的作用。

一开始,我们主要想用这个方法帮助那些后进生,结果不仅目标实现了,还有了很多意外的收获。助人的学生挖掘出了自己更大的价值,受帮助的学生的成长内动力得到激发并学会了感恩,他们之间缔结了互帮互助的高质量友谊,学生之间的距离拉近了,整个学院更加团结,俨如一个大家庭。此外,还营造了良好的师生关系,学生信任学院,信任辅导员,有困难有想法愿意向我们倾诉。

做学生的思想工作,我常常让自己同他们共情,努力把话说到学生心里去,用生命的力量激发学生的内动力,否则,思想工作可能"颗粒无收"。我常常会用自己成长的故事来激励他们。在这里,我把这两段真实的小故事分享出来。

我的小学是在江苏省南通市海安县壮志中心小学读的,小学毕业考试时,语文和数学,双双考了78分,除了作文比较好,在全国拿了奖,学业表现并不突出。

但是,就在小升初的那个暑假,我开始思考自己今后的人生道路。20世纪80年代末,中考、高考的升学率很低,是真正的万人挤独木桥,如果考上中专或大学农村户口就转成"国家户口"了,学成毕业国家包分配工作,那些升不上高中的女孩子就要去打工成为"打工妹"。

农村的夏夜,蟋蟀与青蛙共鸣,皎洁的月光照进我的房间,直至床沿。我在想,按照当时的学习成绩,三年之后初中毕业的我该成为"打工妹"了,我可以做哪些工作呢?同时我心里有些"不服气",我是因为笨吗?可是我觉得我不笨啊,学习真的就搞不上去吗?假如进入初中后,我从头开始好好努力,能不能"翻盘"呢?第二天早上就去问已经上过初一的堂姐,"初中的学习与小学的学习的关联性大不大?"姐姐告诉我,初中的学习基本上是从头开始。

自从得到了这个答案,我就暗下决心,从初一的第一天开始就好好学习。我的同桌叫周晓燕,小学阶段是一位安静的学霸,我非常有意识地观察她的学习节奏。初一初二两年,我的学习成绩基本是班级第一,并担任班长一职。

学校看我是个"好苗子",初三把我选进尖子生云集的快班,每天住校,晚上老师继续给我们"开小灶"。从那时起,我明显感觉自己的学习节奏被打乱,反而找不到感觉了。于是初中毕业,我考进了全县第三的李堡中学。因为没有考进中专,爸爸埋怨我,当时父女间还产生了不小的冲突。

请您耐心往下看,听我把故事讲完,因为看完这两个故事,您就明白什么是"内动力"以及它的力量是何等神奇了。现在我讲第二个故事。

我从小作文好,字也写得不赖,但是我的记性特别不好,记牢一个知识,人家背两遍就行了,我要背五遍,过两天不温习准全忘了,我看着历史书、地理书就发愁。于是在高二分科时我选择了理科。我的理科学习也并不顺利,生物非常好,还代表学校参加比赛,但是,数学、物理、化学就找不着北,其实就是好多知识没有学透,停留在表面。

进入高三后,学校实行周考。一段时间里,120分满分的物理试卷,我考得最差的时候只有50多分,数学和化学也好不了多少。眼看着再过大半年就要高考了,这样下去肯定不行,我又一次开始思考,未来何去何从。

我发现,每次月考涉及的知识点基本都是固定的,只不过换一个题型。我成绩上不去的原因在于假如说一门功课总共二百个知识点,我只掌握了其中的一百个,还有一百个只懂得"皮毛",而这些知识点都是每次必考的,每次我都"中招"。

"专攻错题!"这是我得出的结论,于是我把各门功课的月考试卷按门类夹在一起,利用课外时间,一题一题地试错,完整学过一轮后,一周之内再来一次试错练习,直至三到四遍时,我发现自己完全掌握了这些知识点,只要看到题目,便可以很流畅地写出来解题步骤以及运用的公式。在老师讲解试卷时,我很专心地将要点用红笔记下来,课后再去做一遍题目。

这样持续了三个月之后,我的学习成绩直线上升。当时我的座位在班级最后排,这反而让我在纵览班级全貌中保持一份清醒。每当傍晚饭前饭后的自由支配时间,我要么把课桌搬反过来面向后墙壁,要么转九十度面向北墙的窗户,如饥似渴地学习。一边跟着班级大部队的学习节奏,一边自己开小灶,我没时间在宿舍唠嗑,没有时间在床上赖被窝,我的床上一年四季垫着凉席,上面仅仅铺着个被卷,也算是励志自己吧。

1994年,我以555分的佳绩如愿以偿地考取了扬州大学,当时这个成绩在班级里是前十名的样子。进入大学后,我一直保持着高中时期积极进取的状态,因为我已经明白了什么是人生、什么叫奋斗。大学毕业后我留校成为一名大学辅导员。

我人生中的这两次逆袭,就是激发动力、挖掘潜力的过程。当一个孩子下定决心要不遗余力地追赶、超越时,就没有什么力量能够阻止他前进的脚步,也没有什么困难是克服不了的。这就是内动力的强大与神奇之处。

"激发孩子成长内动力"的实质就是充分调动孩子的主观能动性,即"挖掘个人内在的潜能",而很多教育学家都认为,人的潜能是无限的。因而,我们不要妄自断言孩子的未来。只要孩子的内动力被激发出来,一切皆有可能。

"激发成长内动力"既是教育规律的核心,也是孩子成长规律的核心,更是教师和学生家长应该认真思考的问题。

那么,如何去激发孩子内动力呢?个人认为,孩子的内动力激发,也需要一些前提条件。比如,孩子首先要树立正确的世界观、人生观和价值观。只有解决好这个根本性的问题,孩子才有可能真正认识到生命的意义、人生的意义、拼搏的意义,孩子才能找到人生最深沉最持久的力量,才能激发潜能去对抗困难险阻。

尽量减少埋怨、指责,唉声叹气、脸色阴沉这些表现足以消解孩子的积极情绪、探索的欲望,甚至会引起孩子的反感,进而也把这些情绪的种子埋进他内心的土壤。

引导孩子找到正确的方向和目标,他才能更好地规划自己成长发展的路线。

教导孩子努力奋斗,一份耕耘一份收获,让他明白自己的命运掌握在自己的手里,那么他的每一步就会比较坚实。

内动力对学生来说至关重要,对于老师来说也非常重要。所以,我教育学生更多的时候是在努力激发他们的内动力。这个过程说简单也很简单,说难也非常难,因为要在短时间内让一个并不熟悉自己的学生,认可和信赖自己,进而带着我的话题走进自己的内心,同我产生共鸣共情,后面的聊天才能奏效。这就是我对"用生命的力量去激发学生"这句话的理解与体悟。因此,"红梅引航"工作室从创办之初,就把激发学生内动力作为努力目标。

切勿干扰孩子构建"自我学习体系"

　　这个话题虽不宏大,但却异常重要,也是我一直的忧思,希望引发广大学生和家长甚至全社会的关注与思考。首先,谈谈什么是"自我学习体系"。

　　体系是指若干事物或意识相互联系而构成的一个整体。所以,"自我学习体系"是学生个体围绕学习或者学习所要达到的主要目标而主动形成的有效的自我调节整体。

　　自我学习体系包括起点、过程和达成。学习的起点绕不开孩子的世界观、人生观、价值观,以及学习的最终目标。起点的选择和形成,尤其需要家长从小注意引导。家长关注孩子学习,不能仅仅看分数,而是要帮助孩子建立起学习的原生动力,这会让孩子受益终生。起点选对了,不仅提升了孩子获得成功的机会,而且能够让他们内心强大、耐受挫折。

　　构建自我学习体系,需要正确的引导和帮助,避免过多的干预和越俎代庖。家长心中总不放心,害怕孩子不好好学,担心孩子掉队。于是,一味地督促提醒,给孩子安排兴趣班、补习班。其实,家长真正应该聚焦在孩子真实的学习状态,他究竟缺什么,怎样帮助他最有效。

　　能不能让孩子"自主沉浮"? 对于一个目标明确的孩子来说,应尝试着让他去自己把握学习节奏,让他去思考,让他去摸索进而找到适合自己的办法,这是构建自我学习体系的关键。

　　要始终怀着这样的心态,是孩子在学习,是孩子在长大,家长能做的是引导和协助,不能拔苗助长,不能越俎代庖,不能过度焦虑,这些反而会害了孩子甚至会毁了孩子。所以需要多鼓励、多讨论、多思考、多放手。

　　打个比方吧,一棵草如果在泥里面生了根,哪怕不浇水施肥,它也会茂盛地生长。相反,如果它的根没有长到泥土里,每天靠别人为它浇水、施肥,最终它还会枯萎或者被施的肥烧死。孩子一旦形成了"自我学习体系",他就是"生了根的草",学习就是他自己"自主沉浮"的事情了,家长帮忙做好后勤工作就可以了。今后孩子远离了家乡上了大学,他的学习也不会出问题。总而言之,构建"自我学习体系"是影响一辈子的最大课题之一。

其次,学习成绩好不好,与孩子有没有参加辅导培训"关系不大"。学习的成效主要在于:课堂听讲的效率高不高、课后有无复习消化、作业有无思考巩固和举一反三、复习阶段有没有投入足够的时间和采用正确的复习方法,而不是看参加了多少复习辅导班、辅导班是不是名师任教、费用便宜还是昂贵。学习是主体对知识进行内化、升华的过程,这个过程是任何辅导和培训都不可能取代的。

相反,不恰当、不情愿、没有时间用于练习消化的辅导,往往背道而驰。对学生而言,所有的时间都用于听课、写作业、上辅导班,他就会疲于应付,缺乏休息,失去了复习、思考的时间,失去了可以"自主沉浮"的空间。过多的"填鸭式"被动学习占据了孩子仅有的、极其宝贵的课余时间,本来这些很难得的时间可以用来补个觉,本来可以用来查疑补缺,本来可以用来精心反思总结……

"整天都在学习"的假象换来的是家长和孩子的心安。孩子被"嚼烂的知识"喂饱了甚至"学懵了",失去了自主学习的空间和能力,进而失去了对学习的兴趣,这是我们最不愿意看到的。

必须形成自我学习的体系,才能直接保证学习的成效。除此之外的"加量版"的"填鸭式"灌输,短期可能会产生成效,但从长远看,更可能会干扰孩子及早地构建起自我学习的体系。

因此,建议广大家长,不要从众,不要一味扎堆辅导班培训班,还是应该遵循孩子的成长规律,遵循学习本身的规律。

仅关注孩子学业的家庭教育何以长久

家庭教育是一项系统工程,涉及孩子成长的方方面面,然而,少数家长仅仅关注孩子的学业,对孩子的三观、人格、人际交往能力等方面不太在意。我个人的观点是这种做法不可取,也存在很大隐患。

仅仅关注孩子学业的家庭教育一般可能导致以下几种结果:

一是最糟的结果:孩子学业没有搞好,其他方面也存在一些不足甚至缺陷,孩子长大后,目标不明,前途未卜。

二是差强人意的结果:孩子的学习成绩还可以,但其他方面有明显不足,成长动力不足,追求目标不明,需要进行矫正、教育和指引。

三是最好的结果:孩子不仅学习成绩可以,而且目标明确,打拼出了一番天地。

四是千万应避免的"恶性循环":孩子学习成绩不好,家长没有找到问题的根源和改进的方法,焦虑之下又"找错方向",将解决问题的思路仍聚焦在孩子的学业上,逼着孩子上辅导班和培训班,一看孩子不在学习就不顺眼。

这样的"教育焦虑"忽略了对真正症结的研究梳理,忽略了孩子内心的迫切需求(孩子表达不出来)。但是,这种力量深刻地、强烈地影响着孩子的情绪,导致了"恶性循环":孩子学习更差,家长更加焦虑,孩子更加疲惫无力、厌学、逆反,最终家长和孩子都成为受害者。只要没有找对方向、找准靶心,教育就是苍白无力、不理性、不合理的。孩子是否能成才的关键在于三个核心因素:孩子有理想有信念;孩子有目标有动力;孩子自己想学,自己要学,自己会学。而这三个方面,恰恰是家长应该重点关注的。

首先,家长要有意识地培育孩子的理想与信念。这是孩子得以有力成长的起点。无论是正确的三观,还是良好的人格、品行和道德情操等,都对孩子的成长发挥着长久的"号令"作用。

其次,家长要有意识地引导孩子树立目标。孩子一旦确立了目标,被激发出了动力,他的注意力就会聚焦到学习上,就会发奋地学习。

第三,家长应注重引导孩子达到自己想学、自己要学、自己会学的境界。但这样的境界也不是靠一天两天磨嘴皮就可以得来的。教育是一个陪伴孩子、读懂孩子的过程,是一个尊重并遵循孩子成长规律的过程,是一个用爱和智慧去浇灌心灵的过程,是一个给孩子空间、时间和耐心,让他慢慢摸索、寻找感觉和节奏的过程。如果孩子不想学习,家长再急再累再砸钱也是没有用的,上再多的培训班和辅导班也是难以奏效的。

所以,如果家长想孩子学习好,建议首先必须关注孩子精神和人格的发展,营造好家庭氛围,妙用方法和技巧,激发出孩子自我成长的动力。

因此,家长应该去关注孩子的内心世界,鼓励他把真实想法说出来,鼓励他自主地安排自己的学习!而家长只是协助者、建议者、呵护者,千万不能越俎代庖,代替孩子思考、代替孩子安排、代替孩子做决定,这样会在无意中阻碍他的成长。

总之,关注孩子的整体成长,不偏离教育的本质,那么所谓的"教育焦虑""被动学习""厌学"也许都可以得到缓解。

再富也不能富孩子

再苦不能苦孩子,这是全社会的普遍共识。无论在精神层面还是物质层面,都应该给孩子们提供充足的保障,确保他们能够最大限度地在生理、心理、知识、能力等方面获得成长。

但我在这里要提出以下的观点和建议:在"再苦不能苦孩子"的基本前提下,"再富也不能富孩子"!

事实上,我所谓的"再富也不能富孩子",是希望孩子在精神层面极大富有,而在物质层面得到基本满足就好,否则过犹不及。孩子在精神层面的极大富有是教育的终极目标,也是需要全社会努力的目标。从小开始,家长就需要关注孩子的情感成长、人格养成、三观培育等,帮助孩子丰富和充实精神世界。

"再富不能富孩子",这是对家长在养育孩子过程中,在物质层面的理念和态度的建议。父母要避免让孩子在物质上极大丰富,在"拔节孕穗期""施料过肥",反而可能惯出孩子的"富贵病",压垮他们的脊梁。古希腊哲学家亚里士多德认为:教育的根是苦的,但其果实是甜的。苦难是人生最伟大的老师,我们从来不希望苦难降临,但在和平岁月和丰衣足食中也要居安思危,培养克服困难的意识和能力。

因此,我们提出如下四个建议。

首先,家长要有"再富不能富孩子"的理念。2009 年,微软公司创始人比尔·盖茨以 400 亿美元的个人资产重夺全球首富宝座。比尔·盖茨受访时说:我的教育理念很简单,再富也不能富孩子,直接砸重金,那么他们终将一事无成!现阶段,大部分家庭经济条件优越,且独生子女家庭占多数,几代人围着一个"王子""公主"转,是家庭生活的真实写照。家长"再富不能富孩子"的理念如果不强烈、不深刻、不落地,大多数孩子自然成为家里的"小皇帝",不管他有没有金钱或物质的需要,家人自然会把金钱和物质主动呈送。因此,立规矩很重要,不仅要引导孩子的言行,更要约束家庭成员的举动。实际上,家庭教育的成效在很大程度上决定于家庭成员理念的正确性、统一性以及执行力。

其次,帮助孩子树立正确的金钱观。金钱观是人们对金钱的根本看法和态度,是和人生观紧密相连的。父母如果没有对孩子进行过专门的教育引导,那么孩子对金钱的认识可能会停留在:金钱是好东西,可以买好吃的好玩的,可以买好房子,买好车子,买好衣服鞋子。然而,至于钱是怎么来的、应该怎样对待金钱,孩子对这些都不清楚。不正确的金钱观,就极有可能对三观养成产生消极影响,由此导致物质满足的正面效应可能得不到好的发挥,负面效应却愈加显现。

正确金钱观的教育和引导,刻不容缓。一是,跟孩子讲清楚,家里的钱是父母一分一分地挣回来、攒起来的,钱不是轻轻松松从天上掉下米的,钱是不能浪费的。二是,跟孩子讲明白,因为父母是孩子的法定监护人,有养育孩子的义务和责任,但是钱还是父母挣的,只不过暂且花一些在孩子身上。三是,告诉孩子珍惜每一分钱,就是珍惜父母的劳动。如果家庭富裕,那是父母创造的财富,也跟孩子没有多大关系;如果家庭拮据,那也不是父母有错,父母的能力有大有小,他们是孩子生命中最大的英雄,千万不能盲目攀比,贬低自己的父母。四是,教会孩子终有一天要靠自己的本事去挣钱养家糊口,回馈社会。

第三,引导孩子树立正确的消费观,避免高消费。高消费是指那些脱离了孩子成长的基本需要,超越了孩子所处年龄段的消费层次。树立"非必要不消费"的消费理念,帮助孩子养成节俭、朴实的品格,养成心疼父母、体谅父母、孝敬父母的品质,养成不攀比、不追求高档名牌、不浪费金钱的好习惯,养成心中有家人、有他人、有未来的心态格局。

由于未树立正确的金钱观、消费观,不少孩子在生活习惯方面出现了一些问题。比方说,买生活和学习必需品要名牌,买手机要"苹果",一天三顿吃过不说,还要零食或者外卖,不喝白开水、只喝饮料……结果不仅养坏了自己的身体,形成了不良的生活习惯,沾上了不好的习气,而且离节俭节约、艰苦奋斗、孝敬父母长辈这些良好传统,越来越远。

"小洞不补,大洞吃苦",一叶知秋。这些小事看起来只是习惯不够好,似乎是提不上嘴的事情,可是日积月累起来也足以伤害人的身体、迷糊人的精神,最终可能让孩子与父母的期望背道而驰。

因此,我们诚恳地大声疾呼:再富也不能富孩子,让孩子体验赚钱的不易吧,让孩子认识一下艰苦奋斗的样子！这是对"养家""持家"的传承,是让家与国得以延续和强大的力量。

每个家庭从现在做起！每个孩子从现在做起！

最好的教养是父母的高质量陪伴

父母的陪伴对孩子的成长影响深远。高质量的陪伴可潜移默化，让孩子耳濡目染，"出之微，可至伟"。

孩子出生后，很长一段时间都非常依赖父母，父母堪比孩子的"天"，是孩子安全感的最主要来源。无论从心理还是生理来看，孩子都非常希望父母多陪陪他们。在孩子很小的时候，父母可以强烈地感觉到，孩子对父母的期待与依赖。

如果在没有足够思想准备的时候，看到父母准备去上班，孩子大概率会哭得非常伤心，简直是哭天喊地的，这种场景让父母心生不舍，有时来不及提前做好孩子的思想工作，只能悄悄地从家里"逃跑"。当父母下班回到家，他会兴高采烈地投向父母的怀抱，那尽情欢笑的神情令父母既开心又感动。

在高质量的陪伴下，孩子才能健康有力地成长，内心温暖强大而富于弹性。

这里我要讲一个值得大家深思的案例。有一个农家小男孩，父母打工挣钱比较忙，小男孩主要由爷爷奶奶照顾，奶奶不懂教育但很爱孙子，管教上没有什么章法。到了晚上，孩子还没有写作业，奶奶怕儿媳妇回来了孙子挨打，见儿媳妇快回来了，赶紧让孩子上床假装睡着，这样一来儿媳妇也没有办法查孩子作业，只能让孩子睡觉了。所以孩子的学业自然是扶不上墙。后来，孩子偶尔悄悄拿大人的钱，邻居告诉了奶奶，奶奶特意让大家不要跟儿媳妇说，同样是怕孙子挨打，长此以往，小男孩手脚"不干净"的习惯没有能得到及时的纠正，后来变成了家庭无穷的烦恼，几乎扼杀了孩子的未来。

养不教，父之过。父母德高，子女良教。既然成了父母，就应担负起陪伴孩子的责任和义务。未来孩子成长为一个什么样的人，与父母在其幼时是否进行了高质量的陪伴直接相关。做父母的，要做到以下四点：

一是，乐于陪伴孩子。陪伴孩子虽然辛苦，但是享受天伦之乐也很幸福，苦中有乐,就看父母将感受重点落在"苦"还是"乐"上。乐于陪伴孩子,才能让孩子感受父爱、母爱的深沉与热烈。同样的,父母在这样的过程中,可以感受到孩子的稚嫩可爱与每一点成长,这份心心相通、惺惺相惜的情感体验,是驶向幸福感与成就感的通道,理应成为父母的心之所向。

二是,尽己所能地陪伴孩子。我觉得,每位父母都应该尽可能抽出时间陪孩子,否则,对不住那颗等待爸爸妈妈回家的心,那双等待爸爸妈妈回家的眼。我的脑海里浮现了十岁左右的一段记忆,大概是深秋季节,天黑了,爸爸妈妈去田里干农活还没有回家,往常这个时候他们早该回到家了……我和哥哥忐忑不安地坐在我家茅草屋的门槛上,眼巴巴地等妈妈回家,我脑海里冒出很多奇怪的念头,越想越害怕,越想越觉得兄妹俩可怜,似乎在等待什么厄运降临一般。其实,过了一会儿爸爸妈妈都回来了,不安的心也才复归平静。这么一个场景片段,一直映在我脑海里,可想而知,父母引发的担忧和不安全感是多么得令孩子揪心。

妈妈总鼓励我,能带孩子出去就一定要带,她分享了我们小时候她的做法。爸爸是瓦工,常年在别人家砌房子,不在家吃饭,偶尔有亲戚邻里请客,我妈就把我和哥哥都带着,娘儿三个人坐在八仙桌的一条边,相当于占了两个大人的位置。那时物资非常匮乏,家家都难吃饱,有的亲戚看见妈妈带着两个娃来"蹭饭"就脸色不好看,妈妈也不去理会他。妈妈跟我说,她可以不去,但是只要去她一定要带上两个孩子。这样的事情,妈妈数次回忆起,听得我心里暖暖的。

时光荏苒,岁月如梭,有句老话"愁养不愁长",我们还没来得及多多陪伴孩子,一转眼他已经长大了。在孩子小的时候,父母贪图轻松省事,很可能会失去很多亲子之间最珍贵的情愫。作为父母,当我们只顾自己在外面玩,而把孩子丢在保姆或老人身边时,有没有隐隐感觉心痛和自责呢?此外,陪伴孩子是父母共同的责任,父亲和母亲都应努力花更多的时间和精力来陪孩子,不应把陪孩子的事情全部推到母亲身上。

三是,在陪伴孩子过程中促进自我的成长。养儿才知父母恩,更多地陪伴孩子,才能体会父母对自己爱得深沉,才能读懂人的成长规律,领悟人生的意义,理解"老吾老以及人之老,幼吾幼以及人之幼"的哲理。天伦之乐中,既有锅碗瓢盆的烦琐,也有无尽的牵挂与呵护,更蕴含着人生的终极涵义。因此,陪伴孩子的过程是学习的过程、享受的过程,也是自我成长的过程。

四是,注重陪伴的质量。高质量的陪伴才是有效的,是我们应该努力追求的陪伴。首先,尽量避免电子产品的消极影响。虽然陪在孩子身边,却沉醉在刷手机、玩游戏之中。很多父母会为孩子玩手机不写作业而"光火",早知现在,何必当初呢?父母是孩子的第一任老师,一定要注重言传身教,避免在孩子小的时候就给他树立了不好的榜样。

其次,努力做有素养的父母。父母要保持积极的情绪、足够的耐心,注重自己的言行。父不慈则子不孝。有的父母在孩子面前随口脏话,随便发脾气,讽刺骂人,尖酸刻薄,甚至实施家暴。这些无疑会给孩子带来很大的负面影响甚至是严重的伤害,非常不可取。从我近三十年高校辅导员的工作经历来看,"问题大学生"几乎都能在他的家庭和父母身上找到"影子"。因此,父母要努力提升自身素养,负责任地经营婚姻,积极营造温馨的家庭氛围,为孩子的健康快乐成长创造有益的环境。

第三,陪伴孩子须以孩子为本。遵循孩了的成长规律,根据孩子的年龄,用适合孩子或者孩子喜欢的方式,去陪伴和教导孩子。父母千万要避免操之过急,违背孩子的成长规律,拔苗助长,做一些一厢情愿的事情,结果往往得不偿失。如果提前透支了孩子对学习的兴趣,以冠冕堂皇的理由夺走孩子快乐的童年,很可能会导致孩子对学习不再产生兴趣,只能感受到压力以及恐惧。由此,孩子便进入了消极、懈怠、被动的成长通道,失去了对学习的动力和希望。我们不能因为"怕孩子输在起跑线上"而用力过猛,把孩子的成长动力扼杀在了萌芽状态!

有时,父母对孩子的陪伴也需要适度"撤离"。随着孩子长大,身心逐渐成熟,自我意识越来越强烈,逆反的情绪逐渐显现,他可能会对父母一贯的问寒嘘暖、亲密陪伴产生反感,希望与父母保持一定的距离,有自己的思考和活动空间。其实,逆反是孩子成长过程中极其正常和本能的反应,父母要正确认识这样一个反应,切勿大惊小怪,适度做出"撤离"和"让步",给孩子更大的成长空间。切勿正面对抗,讽刺挖苦,更不能打骂,待孩子逐渐成熟,逆反情绪会逐渐减轻,进而表现出理性、成熟和稳重。

父母把孩子看得比自己的生命还要重要。这份珍爱是用最长情的陪伴去告白和传递的。温馨、深沉、长久地陪伴孩子,努力将这"出之微,可至伟"的神奇力量传承下去,散布开去。

有一种幸福叫"让孩子有个伴"

去年下半年，家里三周岁多的二宝洋洋找到了一个好伙伴。起初，听我妈妈跟我多次提起，洋洋在小区广场上，总是喜欢跟一个叫"小宇"的孩子玩。但是由于工作忙碌没有机会陪孩子在小区玩，我过了好久才有机会见到小宇。小宇比洋洋刚好大一岁，瘦瘦的，跟洋洋一样高。满广场的孩子在一起"疯"，但无论如何两孩子总能像磁铁一样相互吸引，而且还像兄弟一样相互帮衬，玩得特别开心。

小宇家跟我们家住同一个楼，在相邻的两个楼梯栋，孩子每次玩散场了，就在我家楼下分手。每当这时，洋洋会用热情可爱的童声说"小宇，你来我家玩好吗?"小宇也会跟洋洋说"你去我家玩吧!"这时他们会抬头看着彼此的奶奶，期望获得应允。老人要赶紧上楼拾掇饭菜，也怕给别人家添麻烦，总是没有打开这扇门。

很快，我开始留意俩孩子的友谊了。深深打动我的有两个细节，一个细节是孩子每次在楼下分开，那份从渴望到失望的情绪变化，他们之间的吸引力已经达到成年恋人"热恋"时的程度。另一个细节是洋洋在喊"小宇"名字时，那份童音特别好听，简直就是幸福的万籁之音。

我决心为两孩子成为更亲密的伙伴，能有更多机会在一起玩耍而努力。首先做我妈妈的思想工作。她自己喜欢安静，总想象两个孩子在一起会很吵闹，再加上怕洋洋去了小宇家，打扰到人家。小孩串门，大人必定也要跟着串，我妈妈也不太习惯。

我请妈妈换个思考问题的角度，我们家长要用对孩子成长更有益的方式来陪伴他。我家大儿子在幼儿园时，跟我们学校的一位博士后的女儿玩得来，可惜后来孩子妈妈带着她出国了，他就一直没有找到一个可以陪在左右的伙伴，我常常感觉孩子可怜,这也是我后来高龄再生二宝的一个原因。

我有意识地在家里表达这样的想法,很快就得到了家人的一致支持。在去年寒假期间,我特地带洋洋去小宇家认门,与小宇妈妈、奶奶聊天,"我们就当亲戚走走,让孩子有个伴"。

二宝在这么小就能遇见这么要好的朋友,让我的心里也多了一份踏实和安慰。虽然家里有两个孩子,但哥哥已经离家上大学去了,洋洋在很多时候还是缺少兄弟姐妹的陪伴。况且,由于工作忙碌,我们陪孩子的时间也非常有限,让我非常心疼和不舍得,因此每当他们在一起玩时我就少了一份担忧。

我会发现他俩在一起时特别好带,而且特别讲道理,能比较好地接受大人们的建议。两孩子一玩就是几个小时,到了饭点就靠在一起坐着用餐,看上去胃口也变得特别好,吃得比平时快。

这就是著名的同伴效应吧。同伴效应是经济学中一个有趣的概念,通俗地说它指的是同伴对你的影响。同伴效应在各种情况下都可能出现,在工作中,同事会影响你的效率;在生活中,朋友会影响你的爱好;在教育中,同伴、同学会影响你的成绩和成长。

英国萨里大学曾经做过一项与同伴效应有关的研究。结果表明,小学阶段有玩伴或固定好友的孩子,学习成绩可能会更好,行为问题相对较少。研究人员以593名孩子为研究对象,研究他们的学习成绩、情感、行为与交友之间有何关联。结果显示,他们当中只有27%的孩子在从小学升入中学期间维持固定好友,他们的学习成绩相对更好,行为问题更少;而升入中学后出现的情感问题与缺乏固定好友相关。因此,研究人员建议师长在孩子从小学到中学的这段过渡期内,支持鼓励孩子多与长期交往的好朋友相处,保持固定的好友关系。

在这个少子化、老龄化的时代,我建议家长多创造机会让孩子拥有玩伴。这样可以有效帮助孩子从小开始告别孤独、没有朋友的单调生活,突破以自我为中心,在与同伴的"疯"玩中学会建立友谊,学会与人相处,自然自发地培育情商、锻炼体魄。

疫情来了，妈妈要离家"远行"

柳絮纷飞、百灵争鸣的时节，我们还没有来得及去看琼花和瘦西湖，新冠肺炎病毒神不知鬼不觉地四处游荡着，一场声势浩大的看不见硝烟的"战争"拉开了帷幕。

校园是高密度的群居场所，必须严防死守，作为一名大学辅导员，我感受到了校园疫情防控的压力之大。在几天前就得知辅导员老师可能要住进校园开展工作，我暗下决心，只要工作需要，我将全力以赴！

而对于未满四周岁的二宝洋洋来说，这会意味着什么？虽然家与学校的直线距离只有两公里，但对洋洋来说，我入住学校就意味着"远行"。于是在好几天前，我便有意与二宝商量，让他有思想准备。

"妈妈过几天可能要住校了，陪大哥哥大姐姐去。"

"不行，不同意。"

我说："那么要再过几天，你才能同意妈妈去呢？"

他翘起手指，说："四天。"

"那你同意妈妈去住几天呢？"

"四天。"

周六晚上我就要住校了，我特意空出大半天的时间陪他。那天早上一起床，洋洋心情特别好。我就跟他说："妈妈今天要住校了，洋洋肯定会告诉妈妈：'我支持妈妈工作，我同意妈妈住校'。"洋洋眯着眼睛，在床上跳着说："支持妈妈工作，妈妈辛苦啦。"这就是良好的开端。

"你知道你们幼儿园为什么用一百多顶帐篷搭起了进出校门的通道吗？那也是防病毒的，家长只能在校门口接送，不能进幼儿园。"

接下来，洋洋妙语连珠。

"可是病毒很小很小啊,我们看不到病毒。""可是,病毒在很远很远的地方,他们回老家了,我们这里没有病毒。""病毒坏死了,我讨厌它,要把它杀死。"

我拿哥哥的例子鼓励他。"哥哥很勇敢,没有妈妈陪在身边,一个人在大学校园里学习,把自己照顾得好好的,每两周妈妈才联系一次,你看哥哥每次在视频里都不哭不闹的吧。"洋洋听后,眯着眼睛思考起来。

"我们洋洋支持妈妈,就是顶天立地的男子汉",我用大拇指向上,向下,再指向洋洋,他也学着模仿我的动作,他情绪高涨,非常得坚定。当时看来,我离开家、离开他应该已经没有什么问题了。

在家门口,我给他买了 10 根棒棒糖,说好了一天只能吃一根,他甭提多高兴了,买好了先吃了一根。周六这一天,我跟他说了很多很多,埋下了很多铺垫,打下了很多伏笔,拿我的本行来说,这是在做洋洋的思想工作。

晚上,我忙着收拾行李,胡乱地把衣服向包里塞,又不停地接打电话。快到十点钟的样子,我帮洋洋洗好澡,终于到了跟洋洋说再见的时候。

这下可不好了,洋洋变卦了,哇哇地大哭起来,"我不要妈妈走,不要妈妈走,我要妈妈在家里!"我尝试用各种办法让他安静,我想到了上午买的阿尔卑斯棒棒糖,"妈妈再奖励一块棒棒糖,洋洋就同意妈妈走,跟妈妈说再见,好不好!"这一招还真灵,洋洋不哭了,一边擦着眼泪一边点头。

嘴里含着糖,洋洋平静地跟我告别,"妈妈再见!"我充满了力量,一家人都支持我的"远行",即使我离开了家,家里还有我妈妈、老公、洋洋以及两只鸟:蓝眉和黄眉,家里人气兴旺着呢。

在我看来,短暂离开孩子,不一定是坏事。在满足工作需求的同时,也创造出机会让孩子与爸爸相互依靠,让大家看看女主人不在的时候家会怎样,我想也许会产生很多意想不到的效果吧。如同大学生的幽默调侃:"再封控管理,我会爱上室友的"。

住校的第二天晚上九点多,我正跟学生开着会呢,老公发来视频,我看到洋洋在哭,嘴里夹着一个小棍子,我还以为在刷牙呢。奶奶说,"洋洋吃了棒棒糖还哭,要妈妈!"她和爸爸正变着花样哄。我安慰了几句,关掉了视频。

今天是住校的第三天,早上的视频里,洋洋在吃早饭。等一会儿,奶奶打电话来了,洋洋不愿意上幼儿园了,这在以前是没有出现过的。我接过电话,跟洋洋说:"妈妈已经跟潘老师说了,老师要表扬洋洋支持妈妈工作,洋洋很勇敢,老师会奖励小贴画给你的!"在我们的鼓励之下,洋洋去了幼儿园。

随即，我开始搬"救兵"了。我给洋洋的幼儿园班主任潘老师发去了一条信息："潘老师好，我前天开始住进校园了，与同学们同吃同住，暂时不可以出校园。一开始洋洋是很支持的，但到了晚上他会哭，今天早上还不想去上学了。想拜托您表扬他支持妈妈工作，支持抗疫，奖励他两个小星星，这样他得到鼓励，应该会很开心，会继续支持我哦！谢谢潘老师！"潘老师也答应会好好和洋洋说说。

今天是周一，一切都进入了新的轨道，我们忙碌、充实而平静。中午在寝室吃饭的时候，听着楼栋的电子大门"砰，砰"的自动关闭声，我打消了在宿舍小憩的想法，来到了办公室。我准备写一份简短的倡议书，建议同学们开了门之后，不要放任不管，而是要将门"送关"，不要让砰然关门的声音破坏了安静的氛围，春夏之际让整栋楼的孩子们少一点烦恼，多一片安宁。

我离开了家，但并没有离开洋洋。所有的妈妈都没有停止想念孩子，爸爸们也是。将所有的爱串联起来，就没有困难不低头。疫情终将散去，愿岁月静走，人心平和，爱流涌动，上海加油，中国加油！

欣赏教育是开启孩子灵魂与智慧的"钥匙"

　　欣赏教育是欣赏孩子的言行，强化孩子的行为，激发孩子的兴趣和动机，挖掘孩子的潜力的过程。因此，欣赏教育是一种增强孩子的心理体验，纠正孩子不良行为的有效方法。美国心理学家威廉·詹姆斯说"人性最深刻的原则就是希望别人对自己赏识，给予欣赏"。

　　父母是孩子的"第一任老师""典型示范""安全感之源"，每位父母给予孩子的教育不尽相同，或多或少都掺杂了自己的成长背景及认知水平。但是，既然我们都希望自己的孩子能得到最好的教育、最好的陪伴、最好的成长，那么，我们就应该非常清醒地告诫自己：不要吝啬我们的欣赏，因为欣赏能帮助我们成为孩子灵魂与智慧的"开锁人"。

　　孩子的成长过程，是逐渐认识自我、熟悉环境、探索未知、掌握知识和技能、寻觅快乐和幸福的过程。但由于孩子的认知、表达能力有限，往往不能独立解决问题，不能清楚认识、表达自己的需要，同时，孩子也期望得到家长的认同。这就需要生活阅历更加丰富的父母，更多地关注他们的细微变化，理解其需要，引导其独立解决问题，并对孩子的正确行为给予正向反馈。但事实上，在很多时候，父母没有能理解孩子的需要，而是按照自身的期望为其预设了成长道路，同时对孩子缺乏鼓励与欣赏。

　　我的建议是：高度关注孩子的成长，及时给予"欣赏教育"，同时启发引导他说出自己的想法，有效拓展孩子的成长空间，点燃他的成长激情，培养他对探索生活和未知事物的兴趣、热情和力量。

　　首先，充分认识到儿童不是尚未长成的大人。人生的各个阶段皆有不可取代的价值，没有一个阶段仅仅是另一个阶段的准备。儿童时期是身心生长最重要的阶段，这一阶段的教育所能成就的，就是给孩子一个幸福而有意义的童年，为他们幸福而有意义的一生创造良好的基础。父母不能把自己的想法和目标强加给孩子，把孩子驱赶到大人铺设的战场上去拼搏。童年的价值被忽视可能要以牺牲孩子整个人生的部分价值作为代价。著名哲学家、教育家杜威指出，儿童期生活有其内在的品质和意义，不可把它当作人生中一个未成熟的阶段，只想让它快快地过去。我们经常听到父母感慨，"希望孩子快快长大"，在家长眼中，孩子的成长速度似乎总赶不上父母的希望。我想这就是对孩子成长时期的价值的忽略和轻视。每一个阶段自然、充分地成长，正是在为孩子一生的幸福做必要的奠基，父母不要在这样的过程中，"跳级"或"换挡"，要遵循规律，一步一步地来。

再次，高度关注孩子的情绪与言行。对教育对象的高度关注，是教育成功的关键。对于白天上班工作，晚上偶尔还要加班，时不时还要处理手机信息的家长来说，高度关注孩子，并不是一件容易的事情。呼吁孩子的父母长辈，放下手中的事情，对孩子的言行和情绪予以高度关注，只有这样才可能给予孩子最好的陪伴。

第三，立足孩子的角度，与孩子共情。父母要主动放下身段，设想自己也是跟孩子一样的年龄，回溯自己在相应年龄段的实际情形，清醒认识孩子的生理和心理特点，准切地捕捉孩子的所想所需，从而及时在孩子身上捕捉到闪光点，找到值得我们欣赏的地方，创造欣赏教育的情境。只有这样才能真正理解孩子、尊重孩子、发现孩子的美好之处，才能构建与孩子共情的基础，才能真正从孩子的角度出发，实施有温度有意义的家庭教育。

第四，有效实施欣赏教育。欣赏教育是生命的教育，是爱的教育，是充满人情味、富有生命力的教育。我们给予的认可和夸奖，展现出的兴奋、幸福的表情，给予的深情拥抱甚至亲吻……会让孩子体会到成功的喜悦，这是"充分肯定"和"正向激励"的表现，这些星星之火，足以在孩子的成长中形成"燎原之势"，点燃孩子对人生的无限热情与期待。

欣赏教育，可以让孩子的探索与努力得到正激励，形成一种正能量，无形地促使孩子自发地挖掘和发展自己的兴趣，探究未知的奥秘，自发地热爱生活、热爱他人、热爱自己，从而深层次体验人生的意义。

其实，态度就是一种教育，胸襟也是一种教育，格局更是一种教育。有的父母只顾自己的事情，对孩子置之不理。有的父母冷漠地对待孩子的微小进步，觉得其不足挂齿。有的父母将工作中的情绪带回家，没有心情陪伴孩子。有的父母长期处于不和谐的夫妻关系的旋涡中，无心关注孩子。有的父母无意识地暴露出"打击式"教育的倾向,"我们家孩子没有你们家孩子聪明""他不爱学习""他身上有很多坏习惯",当着孩子的面这样表达,无疑是最糟糕的"打击式"教育,夸大了孩子的缺点和不足,使孩子自觉比别的孩子差一截,从小在"我是坏孩子"的暗示中自我否定。而当他长大后,也会看不见别人的优点,对别人进行打击,不能大度地给予欣赏和赞美。

孩子的潜力是无限的,那么怎样才能最大限度地挖掘孩子的潜力呢?我想,欣赏教育可以帮助父母成为孩子灵魂与智慧的"开锁人"。

学会给予积极的期待或暗示

期望孩子成为一个什么样的人，孩子就有可能成为一个什么样的人。孩子的成长方向取决于父母和老师的期望，积极的暗示可以点燃孩子的"内驱力"，产生源源不断的自我成长的力量。

我们来了解一下教育领域著名的罗森塔尔效应。罗森塔尔是闻名遐迩的美国心理学家，1966年他做了一项关于成绩期望的试验。他在一个班级进行了普通测验。结束后，将一份"最有前途者"名单交给了校长。校长将这份名单交给了该班的班主任。八个月后，罗森塔尔和助手再次来到这个班级时，"最有前途者"名单上的学生的成绩都大幅度提高。学生成绩提高的秘诀很简单，就是老师更多地关注了他们。事实上，每个孩子都可能成为非凡"天才"，但这种可能能不能实现，取决于家长和老师能不能像对待天才那样地对孩子"寄予厚望""积极暗示""激发动能"，像伯乐对待千里马一样，关注和珍惜这些孩子。

讲一讲我亲身经历过的两件事情。第一件事情是小学低年级的时候，我有一阵子热衷于练习数字的草写，有一次我写了很满意的、潇洒的数字"5"，我拿着本子给正在忙家务的妈妈看，妈妈看过后露出非常开心自豪的表情，虽然记不得妈妈当时说了什么，但是我受到了莫大的鼓舞。小时候我特别调皮，学习成绩也不太理想，但是对未来始终充满信心和力量，没有畏难情绪，当自己想提升成绩时，通过努力很快就见效了。这与妈妈一直对我的欣赏、鼓励、期待和积极暗示是分不开的。

第二件事情发生在我家大儿子身上。孩子上小学一年级的时候，他的班主任钱晶老师曾经跟我说："虽然看他现在表现平平，但我相信他将来肯定会很有出息。"记不清说这话的时候他在不在现场，有没有听到钱老师的话。虽然我对孩子的期望也是这样的，但是这句话是从钱老师嘴里说出来的，其"权威性"不言而喻。后来，我把钱老师的这句话告诉儿子并以此来勉励他，甚至在后来十年左右的时间里,在孩子成长的每个关键节点,我都会提起钱老师对他的"预判",帮他提振信心。

家长都希望自己的孩子成绩好,但是,我们得心平气和地接受学习成绩一般的孩子。我儿子在小学、初中、高中大多数时间里,一直处于中等水平,但我们家长一直保持一颗平常心,毫不焦虑,也不给孩子安排课外培训,让孩子有机会有空间在没有外界干扰的情况下形成自我学习的节奏和体系,耐心地等待孩子蓄势待发。等到最重要的升学考试到来前的一年多一点时间里,他就开始发力,提升显著,这几乎成了规律。

面对孩子成绩的升降,在小学和初一阶段,我们也帮他分析原因。进入初二以后,他学习方面的事情根本不需要我们过问了,即使很多时候他的成绩以中等线为基准"上蹿下跳"。"乘电梯"成了我跟他交流的通用语,孩子成绩不理想时,我就俏皮地说:"相信你很快会坐电梯上来的!"孩子考到好成绩时,我说:"祝贺儿子,你乘电梯上来了,但是你也要当心下次哦!"

初中以后,我们从来没有因为成绩的问题,跟孩子闹不愉快。我想,孩子够辛苦的了,多给予一些理解、鼓励和信任,可能比仅仅盯着他的分数,反而更有益于孩子成绩的提升,更有益于孩子的成长。

孩子经历不深,心境也不够稳,家长给予的积极暗示,恰恰是孩子最需要的精神支持,对孩子来说意义非常重大。无论是蝴蝶效应,还是罗森塔尔效应,都说明了一个道理,一个微不足道、轻轻松松的小举动可以改变甚至颠覆一个大的局面。

教育是一棵树摇动另一棵树,是一朵云推动另一朵云。家长给予的积极期待或暗示可以给孩子带来"两个革命"。

一是,孩子在"战场"上努力拼搏,家长就是他的后方"阵地"。孩子不需要疲惫地兼顾前方"战场"和后方"阵地",他只需要集中精力把握前方"战场",父母的支持和理解给予了他无穷的力量,同时也稳住了他的心态。

二是,家长积极、稳定的心态,是给孩子的最深层次的教养,是最务实有效的家庭教育,也是新时代应该弘扬的家风。父母的支持和理解,就是在教孩子宽容、温和、智慧地对待人和事,对待人生。

尊重孩子的努力,给予支持及鼓励,会给予孩子无穷的成长动力、智慧和力量,这样我们的孩子或许可以生活得更轻松愉快,飞得更幸福更遥远。

正确看待孩子的逆反心理

在聊到家庭教育的问题时,我的朋友诉苦道:"我儿子上初中前还是那么乖巧可爱,怎么上初中了就变了个人似的,跟我们之间连最起码的沟通都很难进行了!"那种焦急痛苦的神情,如同她丢失了孩子似的。还有朋友说:"你早点跟我谈孩子逆反的话题就好了,前几年一直跟我造反呢,原来是逆反了哈。现在孩子上了大学,好些了,但还逆反着呢!"当然,也有孩子就没有逆反过,一直与父母沟通得很好。逆反是大多数孩子在社会化过程中都要经历的,只不过有的孩子早一些,有的迟一些;逆反持续的时间长短也因人而异。今天我们通过"六问"来抽丝剥茧,聊聊孩子的逆反,给家长提一些建议。

(一)什么是逆反心理

逆反心理是指人与人之间为了维护自尊和独立,而采取跟对方的要求相反的态度和言行的一种心理状态,其是一系列心理活动叠加的结果,是一种稳定的逆向心理倾向和特殊的反对态度。受教育者经过分析比较之后,确认现有的信息与自己的认知相悖就会产生抵制,进而产生逆反。这是逆反的形成机制。

逆反心理是青春期常见的问题,这种心理轻则表现为耍小脾气,重则自我封闭,如果不注意自己的心境和周围环境的调节,时间长了可以发展为自闭症,甚至产生其他更严重的后果。

(二)孩子产生逆反心理的原因是什么

孩子产生逆反心理主要有主、客观两个方面的原因。

从主观方面讲,孩子逆反心理是由生理的变化引起的心理变化所导致的。青少年正处于重要的"过渡期",产生了"我长大了,可以自己管理好自己"的心理,认为父母的唠叨特别烦。被尊重的需求、独立意识和自我意识日益增强,不再认同成人的"权威",迫切希望摆脱成人的管教。

从客观方面讲,其是由父母的管教方式所引起。家长的方式方法不合理,往往非常容易导致孩子产生逆反情绪。

还有一个原因值得关注。在多子女家庭中,孩子的社会化有三条途径。这三条途径是:一是亲子间的影响,二是家庭兄弟姐妹之间的影响,三是同辈伙伴的影响。而独生子女家庭缺少了兄弟姐妹之间的影响,孩子在家庭中可获取的情感支持和磨合调整减少,导致孩子相对较早地形成精神上的独立,渴求摆脱父母的影响。再加上孩子的人生经历相对单纯,孩子逆反期持续的时间加长,逆反的程度加深。

(三) 逆反心理的主要表现有哪些

一是抵触家长的说教,反感家长的啰嗦,家长反复说同样的内容时表现出不耐烦。

二是如果家长的话有漏洞、经不起推敲,会同家长进行激烈的"辩论"。

三是与家长"唱反调",对着干,不理睬、听不进家长的建议。

四是厌学情绪严重,抗拒学习并且沉迷于游戏或其他不良消遣。

五是情绪波动大,容易产生心理疾病,同时容易与家长或其他孩子发生冲突,甚至发生其他意外事件。

(四) 逆反心理的积极影响有哪些

心理学上将"逆反心理"期称为"心理断乳"期。"心理断乳"期是孩子从幼稚走向成熟的转折时期。从总体上讲,"心理断乳"期的各种心理现象,反映了孩子在心理上的进步,从心理上依附于父母,到出现独立意识和取向,是成长过程中的重大变化。

父母要珍视孩子的这一生理和心理变化,看到逆反心理的积极一面,如孩子的好奇心和求知动力变强等。同时,逆反心理期的孩子往往表现出求异和思辨的思维倾向,这是创新的源泉,家长要因势利导,采取理解、宽容和支持的态度。

(五) 逆反心理有哪些负面影响

逆反行为如果得不到合理的关注和正确的疏导,很容易导致青少年对人对事对周围环境产生不信任,表现出偏执、多疑、钻牛角尖、冷漠、不合群等,整个心态发生消极的变化,理想信念随之动摇,意志衰退,学习没有动力,精神萎靡不振,生活不修边幅,拒绝与人交流沟通,甚至可能产生病态心理和犯罪心理。

逆反心理随时可以点燃孩子与家长之间的"战争",甚至言语冲突或身体对抗,造成情感和精力的巨大内耗。孩子越是逆反,父母越是焦虑抓狂,孩子的抵抗斗争就会愈发激烈,全家都陷进了"恶性循环"。其实,孩子和父母都是极大的受害者,家庭战争里没有赢家。父母与孩子之间的意外伤害事件,或单方的极端事件,一般就发生在这样的背景下。

(六) 家长该如何应对孩子的逆反心理呢

只要我们掌握正确的方法和技巧,完全可以缓解和疏导孩子的逆反心理,最终促进孩子的成长,保持和谐的家庭氛围。

1. 充分尊重孩子,主动放弃自己在家庭中的"权威"

青春逆反期的孩子,最渴望获得他人尊重和认可,尤其是来自父母的尊重和认可。如果得不到,孩子可能会产生这样的心理:"我的亲生妈妈爸爸都不尊重理解我,我是天底下最可悲的孩子""你们不尊重我理解我,凭什么让我好好跟你们说话,我才不听你的话呢"。一定不能忽略孩子的心理需要,也不要表现出什么都比孩子懂的样子,这样只会加剧对孩子的刺激。所以,建议家长主动放弃以往自己在家庭中的"权威",尊重孩子的想法,理解他的处境,鼓励孩子表达自己的感受和提出自己的建议,事事商量着办。

2. 换位思考,"察言观色",注意与孩子讲话的技巧

换位思考是沟通交流、教育引导、化解矛盾的必备技巧之一。只有灵活运用换位思考的方法,从孩子的角度思考问题,才有可能真正地读懂孩子、理解孩子。只要父母能够与孩子共情,再难的问题和矛盾便迎刃而解。

父母要注意"察言观色",见到孩子气色不好,情绪不高,既不能表现得太关

注,也不能漠不关心。首先问一句"孩子是身体不舒服吗？需要妈妈做什么？"孩子如果表示暂时不想说,那就让他在房间里安静一下。半小时后,他的情绪或许就能够正常起来了。孩子的情绪有起伏也是正常的,在他不想说的时候一定不能"刨根问底",那会让他的情绪更糟,由对一件事情感觉不开心发展到对任何事都不开心。待孩子情绪平稳后,再跟他交流。不要"刨根问底",让孩子感觉到厌烦或者压抑,最终激怒他。

给孩子适当的空间,心灵的、情绪的、成长的空间,能够帮助孩子更健康地成长;如果孩子毫无空间,他的成长将会被无情地挤压;空间太大,也不一定可取,要具体问题具体分析。

3. 聆听孩子心声,平等地与孩子相处,父母不对时也要主动道歉

父母要从让孩子听自己说教,转变到谦虚平和地听孩子倾诉,聆听孩子的心声。只有听到了孩子的真实心声,我们才可能理解孩子、尊重孩子,才能平等地与孩子相处,助孩子一臂之力,反之,我们可能会向反方向使劲,抵消了孩子前进的正能量。

随着孩子的独立意识越来越强、越来越渴望得到父母的尊重,如果父母错怪了孩子,误解了孩子,说错话伤害了孩子,我建议,主动跟孩子道歉吧,让孩子获得最真实的"平等对待",既有利于孩子的成长,也有利于与孩子建立良好的关系。如果孩子做错了事,说错了话,要委婉地纠正。

4. 在与孩子协商的基础上,科学合理地对孩子进行约束

绝对禁止中学生使用手机是不现实的,一味的阻止只能带来更强烈的反抗。建议与孩子坐下来,协商好每周可以用几次手机,什么时间用,每次用多长时间。协商好后,写到纸上,双方签字,这样孩子一般会遵循契约精神,不轻易反悔。在不吵不闹中,协调处理好"易燃点"。

5. 家长做好自己"断奶"的准备,学会逐渐放手

孩子表现出逆反行为就意味着,孩子的"断奶"期已经悄然而至。如果家长自己不能认识和适应这样的变化,就很难做出正确的应对。

以上"六个问题"就是我对逆反心理的梳理,家长是最了解自己孩子的人,也是最期盼孩子健康成长的人,只要用情、用心、方法得当,一定会陪伴孩子更好地渡过逆反期。

构建优质家庭环境的"六个建议"

父母是孩子的第一任老师,家庭是孩子的第一所学校,家庭环境是孩子接触到的第一环境,家庭环境对孩子的成长发挥着极其深远的影响。家庭环境对于孩子来说堪比小树成长的土壤、吸收的养分、呼吸的空气。俗话说"龙生龙,凤生凤,老鼠的儿子会打洞",这句话形象地阐述了父母及家庭环境对孩子的影响。由此,我对构建优质家庭环境提出如下"六个建议"。

(一) 充分认识优质家庭环境对孩子的重要作用

苏联教育学家苏霍姆林斯基说:"儿童是一块大理石,如果要把这块大理石塑造成一座雕像,那么家庭就是第一位雕塑家。"父母孕育了孩子的生命,更是孩子的启蒙老师。但是,父母做好准备了吗? 思想准备、知识准备、技能准备,我们做好了哪些? 我的建议是,青年人在婚前就要对家庭教育进行专门系统的学习,为构建优质的家庭环境做好理念和思想准备。

(二) 家庭成员要修身养性,为构建优良的家庭环境夯实基础

修身养性就是要正心、修身、齐家、治国、平天下,要有正确的理想信念;要有强健的身体、稳定平静的内心;既能经营好自己的家庭,又能立足岗位为国家做一份贡献;要具有让天下太平、世界和谐的格局与愿景。

(三）家庭成员之间要建立和谐的关系

夫妻恩爱默契,家人之间礼貌相待,家庭关系稳定和谐,家庭氛围轻松愉快,为孩子的成长创造充满安全感幸福感的家庭环境,不仅能够让孩子对婚姻家庭有美好的印象,而且给孩子的性格养成提供了良好"土壤"。建议父母在产生分歧时,不在孩子面前辩论或争吵。

(四）家庭要为孩子兴趣的养成营造氛围

培养孩子对知识的渴望、对学习的兴趣、对体育锻炼的兴趣,父母和家庭成员的示范很重要。父母在家里有学习看书的习惯,孩子便容易养成读书的习惯;父母启发孩子对自然现象进行观察,孩子便容易养成观察的习惯;父母经常陪孩子玩高质量的游戏、做实验,孩子就容易对探索未知产生兴趣;父母与孩子一起分析探讨生活中发生的事情,寓教于日常生活,便教给了孩子实践出真知的道理;父母习惯用乐观宽容的心态对待孩子、对待家人,便给孩子种下了儒雅大度的种子;父母传给孩子正能量,孩子便把正能量传递给他人;父母礼貌待人,孩子的礼仪修养即可得到提升。

反之,家长在孩子面前说脏话,孩子便潜移默化地学会了脏话;父母沉迷于电子游戏,孩子也无师自通地喜欢上游戏;如果父母崇尚金钱至上,那么功利化的格局和心态就更容易走进孩子的心灵。

(五）家庭成员要耐心引导,关注孩子人格的养成

人格也称个性,是做人的尊严、价值和品格的总和。完善的人格意味着富有爱心、积极乐观、胸怀坦诚、勇敢进取、对生活和未来充满希望。从理想信念层面出发,人格涉及格局、性格、内动力、执行力、面对困难挫折时的承受力等。孩子能否养成优良人格,首先取决于父母能否耐心地倾听和陪伴孩子,能否真正理解孩子,能否遵循孩子成长的规律。

（六）家庭成员要注重养成良好生活习惯

我们呼吁，养成良好的生活习惯，要从家庭教育开始，也就是说，父母首先要养成好的生活习惯，为孩子做榜样。个人认为，需要重点养成的好习惯主要包括以下九点。

首先，早睡早起，一定要吃早饭。

其次，一日三餐要规律，尽量不吃零食。

再次，少吃膨化、油炸食品、甜食和冷饮。

第四，提倡喝白开水补充水分，少喝含糖饮料。

第五，穿衣大方得体即可，不追求名牌。

第六，面带微笑，待人接物文明礼貌、热情大方。

第七，少生气，不埋怨，不暴粗口。

第八，注重运动，不久坐，保持良好的坐姿和站姿。

第九，引导孩子养成正确的金钱观和消费观。

态度决定一切，细节决定成败。看似不起眼的小细节，其实起着关键作用，如果我们不注意把细节做得更好，导致孩子养成了坏习惯，这些坏习惯一旦积累起来，足以毁掉孩子的未来。

习近平总书记多次提出要求："努力培养担当民族复兴大任的时代新人"既是党中央"立德树人"的殷切期待，也是全体教育工作者孜孜以求的奋斗目标，也是亿万家庭的共同责任。

父母的格局与情绪渲染着孩子"心空"的色彩

父母是孩子的第一导师,影响着孩子的一生。父母的格局与情绪渲染着孩子"心空"的色彩。格局塑造与情绪管理,是一门关系家庭教育,关系孩子成长,也关系着父母自身成长的必修课。

首先,我们来看,什么是格局塑造与情绪管理。格局塑造就是对个人的价值追求、情怀等的培育,涉及价值观、智慧、眼光、见识、魄力、爱心、责任心、使命感等因素。

格局是一种综合的认知能力,以及这种认知能力所形成的气场。格局也是一个人对局势、态势的理解和把握。

格局大者有开阔的心胸,不会因环境不利而妄自菲薄,更不会因为能力不足而自暴自弃。格局小者往往会因生活的不如意而怨天尤人,遇到一点小的挫折便一筹莫展,看待问题时常常只见一木而不见森林,最终可能会成为一个碌碌无为的人。

第二,我们再来看看情绪管理。情绪管理是指通过研究个体和群体对自身情绪和他人情绪的认知及影响,培养感知情绪、驾驭情绪的能力,并由此产生良好的管理效果。情绪管理能力也是情商的重要体现,是评判领导能力的关键标准之一。

情绪管理好的人往往从容大方,优雅温和,冷静幽默,关心他人,识大体顾大局。

心理学中著名的"泡菜效应",也叫"链状效应",说的是环境可以造就一个人,也可以毁掉一个人。同样的蔬菜在不同的水中浸泡一段时间后,将它们分开煮,其味道是不一样的。这也揭示了人与人之间的相互影响以及环境对人的影响之大。

古语"近朱者赤,近墨者黑",大家所熟悉的"孟母三迁,择邻教子"的故事,也阐释了同样的道理。

从心理学的角度看,精神环境对孩子的影响要远远超过物质环境,父母为孩子营造了怎样的精神环境,哪些对孩子有益,哪些有害,要常常放在心里掂量掂量。

试想,如果父母是格局小者,情绪管理也不佳,不仅不能给孩子以优质的示范与教养,而且一定会让孩子感觉到不舒服不愉快。岁月无声,教育有痕,长期的耳濡目染之下,孩子的气质、性格、素质和思维等方面都会受到显著的影响。孩子像极了父母,"心空"渲染上了父母给予的色彩;即使厌恶父母的气质和行为举止,也无法"逃脱",或生活在逆反当中,或生活在压抑和消极的情绪中。

有人认为,格局塑造与情绪管理意味着对自己进行改造,那多难啊!能改造好吗?作为家长,我们希望孩子勤奋好学,积极进取。那么,家长对自身的要求呢?每个人无论年长还是年少,都需要不断提升不断完善自己。每个人所能到达的人生高度,往往就是他在心理上为自己选定的高度。父母是孩子学习的"动画书本"和"活教材",对孩子的期望也足以鼓励家长去改造自我。

格局、情绪是人的另一张面庞,即使我们长得并不帅气,并不靓丽,但是大格局、好情绪可以让我们变得耐看无比、人人喜欢。格局、情绪也是人的另一张名片,即使我们很普通很平凡,大格局、好情绪可以让我们变成孩子的榜样,引领他一往无前。

拥有大格局、好情绪的父母,足以给孩子最好的滋润和养育,给孩子"心空"渲染美丽的色彩。

对"教育焦虑"的思考

"教育焦虑"是一个沉重的话题,也是我心里难以放下的重担。在此,我举几个耳闻目睹、印象深刻的事例来看一看。

大概在儿子上四年级的时候,一个节假日下午我带他去参加围棋升段的比赛。在候考教室,一对与我们年龄相仿的母子坐在我身旁。当时,教室里坐满了候考的家长和小棋手,这位母亲全然不顾周围人,当众数落她幼小的儿子:"你为什么不认真学习?为什么考试总考不好?为什么围棋也学不好?钱和时间都没有少花,你说呀!你让妈妈烦死了……"小男孩趴在课桌上,下巴搁在手背上,微翘着嘴巴,脸上写满了狼狈与不堪,眼角横溢出可怜与卑微。妈妈却丝毫没有见好就收的意思,越说越起劲,这样的责备数落持续了半个小时以上。

她说的是她的孩子,但无情的重锤也击打在我心里最脆弱的地方,那个下午我如坐针毡,感到非常悲愤,既心疼那个孩子,也"愤恨"那位妈妈;我更加深刻地意识到:对于呵护儿子的成长,我责任重大,我也需要不断地反思;设想阳光普照之下,又何止这一个孩子在父母任性的教育中丧失了信心和兴趣,我叹想这样的孩子想在学业上取得好的表现可能就难上加难了。

我的朋友告诉我,她的女儿曾牵着外婆的手说:"外婆,我觉得我都不想活了,妈妈整天让我学习,我太累了!"我听着揪心,补习班、培训班的老师累了可以换,但孩子累了,有人换他去学习吗?这样排得满满的补习班,真的可以收到成效吗?

儿子上初中时,对于需不需要上补习班,我找过儿子的班主任交流请教。老师给我的答复是:孩子的学习主要还是在于课堂,孩子在课堂上如果能够集中注意力,掌握得比较好,就没有必要补习。况且就是参加补习,孩子也不见得比在学校里听得更认真。老师的观点和我们的想法是一致的,所以,我们坚持让儿子按照他自己的节奏去学习，不参加补习培训班。寒暑假儿子遇到感兴趣的理科培优班，他会回家跟我商量，主动表示想报名。

作为一位妈妈和教育工作者，面对普遍的教育焦虑的现象，我心中涌起无限感叹：当下，能够理性看待课外辅导培训，不轻信不盲从的家长已经很难寻得可以产生共鸣的对象了。

从高等教育阶段少数大学生学习动力不足、目标不明确、态度不端正、注意力不集中、易被不良诱惑引诱的问题来看，被家长"助推""裹挟"着进入大学的学生，更难把握大学的学习节奏，更难形成良好的学习习惯，更容易遭遇学习危机，也更容易步入学习后进生行列。原因很简单，这些孩子还没有真正掌握学习的规律，找到自己学习的节奏，而大学的学习氛围和管理方式相对宽松，离开了"保姆式"的说教和监督，孩子可能表现出：对目标、对环境、对自我的认识不足，自我调节与自我教育不力，在一定程度上偏离原有轨道。

作为一名教育工作者，我有一些成功的经历，也亲眼见到一些走了弯路的孩子、一些无奈与绝望的家长。我也在力所能及地为这些家长和孩子提供帮助，指导身边走了弯路的孩子步入正常轨道。逐渐地，这些所见所闻所感融合成一种态度、一种声音，最终化作一股强大的力量。

这就是我们在创建"红梅引航"辅导员工作室以及运营微信公众号的时候，在思想引领板块开辟"家庭教育"栏目的初衷。2021年1月13日，江苏省教育厅发布了《关于加强与改进中小学幼儿园家庭教育指导工作的意见》，我们在栏目里进行了转载宣传，我暗自庆幸：家庭教育的重要性得到了政府的高度重视，家庭教育的科学化发展的春天已经到来。

用心建设"家庭教育"栏目，把关于家庭教育的点滴建议和随感整理成文推送出来，唤起一点点共鸣，引发一点点思考，也算是实现了我们的初心。孩子的成长是一个系统工程，家庭教育也是一个复杂的体系，这就要求家长加强学习和思考。十月怀胎，我们成了孩子生理和情感上的父母，但是要成为合格甚至优秀的父母，我们每个人都要加强学习。

回到"教育焦虑"的话题，给孩子安排满满的补习班，花费了钱财和接送的时间不说，"夺走了"孩子的童年，占用了孩子的休息时间，给孩子的身心健康造成危害，孩子所学的知识没有时间去消化吸收，他的成绩存在持续提升的空间吗？孩子的学习习惯会因上了很多辅导培训班变好吗？"教育焦虑"的家长只要看到孩子不在学习就会产生焦虑情绪，孩子成为安抚家长"教育焦虑"心理的"学习工具"！

家长在给孩子制订课外学习计划时,首先要心存敬畏,敬畏孩子弱小的心灵,认真听听孩子的想法,好好调研、分析一下:孩子自己有什么需求,怎样去激发他的动力,怎样帮助他养成好的学习习惯……了解到问题之所在,找到解决这些问题的钥匙,对症下药。

万万不可一旦发现孩子状态不佳、成绩下降,就用"补习培训班"来治。当然,结合孩子的实际需求,在孩子的认可下,可以安排某个科目的补习,但不建议全科辅导,更不能全时辅导,将孩子所有的课余时间都花在补习上。学习成绩有起伏是正常现象,学习也不是一朝一夕的事情,家长要有足够的耐心和放眼孩子全面成长的大格局,给孩子足够信任和空间,让他有机会形成自主学习的能力,摸准自己的学习节奏。在可控范围内让孩子自负责任,孩子才能更有目标更有力量地成长。

说到底,"教育焦虑"是父母缺少对孩子真正的了解,缺乏底气、思考和方法,以至于把别人的做法强加于自己、强加于孩子的表现。每个孩子都是特殊的个体,因材施教也必须体现在家庭教育之中。

所以我呼吁,家长们与"教育焦虑"说再见吧,把童年还给孩子,把时间还给孩子。同时呼吁,高校、教育机构等专业力量为家长开设"家庭教育学校",给孩子的父母来一次必修课,提升家长实施家庭教育的能力极其迫切和必要!

"红梅引航"坚持做科学的"家庭教育"的播种者、宣传者和力行者!

远离教育焦虑这颗"毒瘤"

焦虑是对自己或亲人的生命安全、前途命运等方面的过度担心而产生的烦躁情绪，是常见的基本情绪，表现为着急、紧张、恐慌、忐忑不安等。

教育焦虑属于现实性焦虑，是家长面对孩子的教育问题的基本情绪反应。社会上弥漫着教育焦虑的情绪。"双减"政策落地之前的焦虑在于：孩子需要的辅导太多，孩子太累，家长投入了大量的时间、精力和金钱等。

"双减"政策落地之后的焦虑在于：大家都不上辅导培训班了，但是孩子遇到不会的问题怎么办呢，以前还可以借助那些培训辅导，可是现在连这些都没有啦。

教育焦虑成为一种普遍现象，给家长造成了心理重负。这种焦虑产生的根源在于家长对教育理念、教育规律、教育方法的了解不够，缺乏分析和解决问题的方法，缺乏对孩子的了解和尊重，同时也缺乏专业的指导。很多时候，出现焦虑很正常，但是消除焦虑的方法却不精准、不及时、不彻底，甚至走了更多更弯更险的路。

教育焦虑对家庭生活、孩子成长均会产生很多负面影响。对于这一点，我们要有清醒的认识。

焦虑是一种情绪，具有传染性和扩张性。情绪一旦产生，就会伴有倾诉、宣泄等行为。这一系列的行为如果能将焦虑情绪及时化解，是最好的。如果没有，焦虑情绪就可能会弥漫在家庭氛围当中，和父母的不满情绪一起，形成一张无形而又压抑的网。

这也是我最不想看到的结果，教育焦虑成为孩子成长环境中的一颗"毒瘤"。如果没有对焦虑情绪进行及时的疏导、消解以及科学引导，焦虑持续的时间越长，扩散范围越广，不满、埋怨和贬低的氛围就会越浓重。

教育焦虑的危害显而易见,对于焦虑情绪,虽然的确无法完全避免,但还是可以予以疏解的。这里有三条建议。

首先,认识焦虑情绪的负面作用,尽量不让这样的情绪控制自己。焦虑产生之时,即是寻找解决方法之时,与其焦虑,不如消除焦虑的根源。

其次,重点关注孩子内心的需求,及时给予支持、帮助与引导。

第三,改进家庭教育从父母自身做起。家庭教育的症结在父母,父母应加强学习,勤于思考,提升自我。

第四,加强学习研讨。善于向专家、老师请教,掌握科学的教养方法,方可事半功倍。

家长不要轻易成为"从众者"

　　法国科学家约翰·法伯曾做过一个著名的"毛毛虫实验",把许多毛毛虫放在一个花盆的边缘,首尾相连,围成一圈,并在花盆周围不远处撒了一些毛毛虫喜爱的松针。由于毛毛虫与生俱来的"跟随者"习性,它们一个跟着一个,绕着花盆边缘一圈一圈地爬,一小时过去了,一天过去了,又一天过去了,这些毛毛虫还是夜以继日地绕着花盆的边缘转圈,一连走了七天七夜,最终因为饥饿和精疲力竭而相继死去。法伯在做这个实验前曾经设想:毛毛虫会很快厌倦这种毫无意义的绕圈而转向它们比较爱吃的食物,遗憾的是毛毛虫并没有这样做。造成这种悲剧的原因就在于毛毛虫总习惯于固守本能、习惯、先例和经验。

　　人也一样,一旦形成了思维定式,就会按照固定的思维方式去解决问题,不愿深入地独立思考,不会换个方向、换个角度想问题。这种从众现象也出现在家庭教育领域,不少家长拽着孩子成为新时代的"毛毛虫"。家庭教育领域的从众现象表现为以下几种形式:别的孩子去上辅导班了,便把自己孩子送去辅导班,"别人补了,我们不补会吃亏"。别人家孩子把周末时间都用在学习上,看到自己家孩子不学习却在玩,家长便心生不安。别人家孩子小升初、初升高参加了衔接班,自己家孩子也必须得去。这些家长似乎觉得这些都是理所当然的,不从众就会吃亏,而对方向正确不正确、方法科学不科学,却不做辨别。

　　家庭教育中的从众行为的危害显而易见。

　　首先,家庭教育的方向不正确、方法不科学,就会转了一圈又一圈还没有找到问题的重点,更是无法从根本上解决问题。

　　第二,从教育规律及孩子的成长规律看,学习和成长的主体是孩子本人,学习和成长的关键在于激发孩子的内动力,如果没有对孩子的实际情况进行仔细分析,得出的解决问题的方案,可能是既不治标也不治本的。

第三,有家长说,"去上辅导班是孩子自己愿意的啊"。对于一个有主见、有内动力的孩子来说,与家长共同制定的学习方案可能会比较有效。然而,对于一个从小到大就听父母安排,不懂自己的问题出在哪里的孩子来说,"自己愿意去辅导"仅仅意味着孩子会比较配合,按时按点去学,而这个辅导究竟有多少意义不言自明。

第四,针对性不强、违背孩子意愿的辅导,意义不大,反而有可能浪费了孩子娱乐放松的机会,占用了孩子自主学习消化的时间,剥夺了孩子有限而可贵的睡眠。

避免从众有三点建议。

首先,发现真正的问题。全面了解孩子的学习状况,与孩子进行深入的交流研讨,同时需要仔细思考,发现问题的根源。

第二,对症下药。每个孩子都是独立而特别的个体,每个孩子面临的难题不尽相同,个性和能力也不一样,别人家的教育方法仅供借鉴参考,但不能全盘照搬。

第三,家长需要加强学习,了解教育的方法,了解孩子的成长规律,与孩子形成良好的沟通机制。不仅指导孩子学习,更要陪伴孩子玩耍;既要陪孩子成功,更要陪伴孩子失败;要成为懂教育懂孩子的家庭教育能手,拒绝成为从众的"毛毛虫"。

家长的痛与思：孩子心理问题的家庭逻辑

孩子的心理问题，毋庸置疑，是一个沉重的话题。我写这个话题，为的是略尽一个教育工作者的责任，提醒更多的家长或准家长关注家庭教育的科学合理性，唤醒那些教育理念已经偏离正轨的家长，开始反省教育中可能存在的问题。

目前，在初高中及大学，因心理问题不能到校、在家学习、休学、留级、退学的学生已经不是个别现象。也有一些学生虽然能够在学校学习，但需要特别关心关注，甚至还有学生需要悄悄服用心理药物维持正常学习生活。这样的学生虽为少数，但比例也是触目惊心的。

说真的，这些孩子特别不容易，他们既要应对学习的压力，又要克服心理困扰，活出阳光自信，让关心自己的家人、同学和老师宽心。老师们也不容易，工作再忙生活再累，对学生的关心和关怀时刻也不能停。家长可能是除孩子以外，最让人心疼的那个群体，他们的复杂情绪是别人无法想象和理解的。

看起来，大家都成了受害者，甚至给社会也带来了一定的负面影响。那么，这些孩子的心理问题是怎样形成的呢？造成孩子心理问题的原因可能是多方面的，但一定跟父母及家庭教育有着重要的关联。说得更明确一点，父母或家庭其他成员的观念与态度、心理与言行存在某些问题，使得孩子心理产生不适，却没能得到父母的关切和理解，也没能及时得到科学有效的干预、调整和矫正，导致心理问题加重，甚至发展到不可逆转的阶段。

通常哪些情况可能引发孩子的心理问题呢，这里我来列举一些，供大家参考。

（1）父母言行明显不当：父亲家暴母亲、孩子，其他家庭成员实施家暴，包括冷暴力，让孩子无安全感可言。孩子稍有不慎或怠慢，父母就恶言恶语相加，家庭环境恶劣。父母当中一人有抑郁倾向或相关心理疾病，对孩子产生了影响。

父母硬逼孩子学习或参加培训辅导,孩子如有不顺从,或者学业表现不好,父母就会歇斯底里,让孩子感觉自己就是一个"学习工具"或者学习的"奴隶",生活在压抑的氛围中。父母觉得孩子是他们的负担,不仅对孩子没有好脸色,甚至认为孩子在自己面前出现一下均是多余。父母染上赌博、游戏等恶习,在孩子心中埋下了痛苦、怨恨和愤怒的种子。

（2）父母的陪伴不够,对孩子不够关注:父母忙碌于事业、交际和娱乐,无暇陪伴孩子,更别提认真考虑孩子心里的想法和需求。孩子在学校遭受了欺凌或误解,无处诉说。孩子的情绪不佳,无人理解。父母离异,孩子缺乏父爱或者母爱。

（3）父母的言行存在误导:父母自己没有树立正确的三观,愤世嫉俗,自怨自艾。对所有人都不屑一顾,不懂得尊重、理解他人。自己只能占便宜,吃一点亏都不行,没有教会孩子谦逊礼让。父母婚姻不幸福,当着孩子的面吵架,相互诋毁,对孩子的人格成长产生非常坏的影响。

既然是聊孩子的心理问题,我们就来聊聊孩子。孩子小的时候,可能难以淋漓尽致地表现出来内心的痛苦和不满,但负面情绪有可能会悄悄地吞噬他的心灵,因此,家长一定要关注孩子的情绪,孩子发点脾气也许不是一件坏事。由于每个孩子的家庭环境、成长经历以及自我消解能力不一样,他们面对困难、挫折和痛苦时的表现不一样,他们的自我调节能力也有强有弱。这就提醒家长对自己的孩子要心里"有数""有谱"。

让孩子经历一些事情或许对他有好处,但不能故意发难。磨炼孩子必须建立在以下前提之上:孩子对家庭有安全感;父母能够与孩子共情,构建平等友好的亲子关系;父母有办法让孩子信任自己并吐露心声;父母总能找到恰当的方法帮助孩子一起解决难题;无论事情如何糟糕孩子都深信"父母非常爱我,他们最值得我信赖"等。

请记住如下家庭教育法则:

父母首先处理好自己的不良情绪,否则就可能污染、侵蚀了孩子的成长空间。

孩子出现的抑郁情绪,是孩子身体对我们发出的提醒,只要我们积极应对,一定能够很好地解决问题。

无论在哪里谋生,无论生活有多艰辛,请尽可能和孩子在一起,因为成长真的只有一次。

与其期待社会的教育变革，不如从家庭教育变革做起。

孩子的事情没有小事，一个细节处理不好，都会影响孩子一辈子。

改变孩子，给孩子一个灿烂的未来，从改变父母自己开始。

与孩子的老师保持良好的教育合作

　　无论是跟中小学家长、还是跟大学生家长聊天，我得到的一致反馈是：不到万不得已，家长是不好意思主动联系老师的。

　　这样的想法既有我国传统的尊师重教的观念的影响，也有家长自身的原因。很多家长可能会这样想，"老师那么忙，要管那么多孩子，能不联系就不联系了吧，孩子的表现实在离谱了，老师会主动联系我们的。""笨嘴笨舌的，联系老师也不知道说啥，那多尴尬啊。""孩子成绩不好，调皮捣蛋的，主动联系老师，可能会被数落的。""我们自己太忙了，在家把孩子照应好就很不简单了，根本没有时间联系老师"。

　　这样的想法和倾向很普遍，但是非常不好，甚至可以说很糟糕。打个比方，如果把孩子在学校学习比作前方战场，孩子在家的成长就是后方战场。一场战争，前方战场与后方战场互不联系、互不协同、互不配合，那怎么能胜利。虽然老师也会通过家长群与家长保持联系，可那是面上对面上的联系，无法做到点对点，无法针对孩子的个性和具体表现进行精准的因材施教。

　　此外，大多数孩子"报喜不报忧"，到家了也不会主动向家长报告上课打瞌睡了、走神了，与同学打闹被老师批评了。直到孩子的情况实在不妙了，老师联系家长了，孩子的真实情况才会"露馅"，而这期间已经白白地错过了许多教化的时机。

　　家长自己画地为圈，想着督促孩子把该做的作业完成了，吃喝拉撒都照应好了，就算尽到了应尽的责任。如果孩子注意力不集中，学习成绩不好，学习兴趣不高，宁可学习其他家长的做法，送孩子去补习班、培训班，也不会轻易给老师打一个电话，问一问孩子的情况，征求老师的建议，跟老师商量商量自己的安排是否妥当。

老师就如同一家之主养育了几十个娃，出于初心使命、岗位责任和情怀追求，他们真诚地希望把每一位孩子都培育成才，不会偏心。但他们的时间、精力有限，有时就无暇顾及一些小细节。家长及时的联系，一定会促进老师对细节的思考，从而推动老师自身的成长。

可见，家长适时地有针对性地联系老师，是何等的重要，这是孩子成长过程中必不可少的"教育衔接"，也是家庭教育与学校教育的协同，可以让孩子接受到连贯的、一致的教育。

通过家校联系，不太懂教育、不太懂孩子成长规律、不了解孩子在校表现的家长，可以少一些焦虑情绪。至少，有的家长可能就不至于用"报班辅导"去解决孩子成长过程中出现的各类问题了。

在家庭教育中，家长不能充当"独行侠"，不能想当然，需要主动邀请内行的参谋一起商量商量，出出主意，综合施策，否则就有可能"头疼医脚，脚痛医头"，一厢情愿地以为自己是对的，其实在错误的方向上越走越远，但孩子成长的道路没有哪一条是可以回头的。

老师自然就是家长的"合谋者""合作者"。所以，当发觉孩子状态不好、情绪低落或不稳定时，建议主动与老师联系，联系前可以梳理一下准备交流的内容，如想解决的问题、需要老师提供的协助，提高交流的效率。家校协同，帮助孩子更好地成长。

借"家庭会议"形成一致家教理念

近期,我们团队做了一份关于家庭教育的问卷调查,对于"在教育孩子方面,您最大的烦恼是什么?"这一提问,32.37%的家长选择"家长意见不统一",28.78%的家长选择"孩子学习成绩不好",21.68%的家长选择"与孩子无法沟通"。

由此可见,为数不少的家长为家庭成员的教育理念不一致而发愁。"公说公有理婆说婆有理",不仅不能形成引导孩子的合力,反而让孩子感觉到父母之间的隔阂甚至是"火药味"。

在独生子女家庭,一个孩子面对六位长辈,长辈之间很可能形成两至三种不同的教育理念。

这种家庭教育生态,亟需进行有效的治理。"家庭会议"就可以解决这样的难题,形成一致的家教理念,达成家庭教育的"代际协同"。家庭会议是敞开胸怀、交流观点的极其有效的一种做法。

为了开好家庭会议,收获好的成效,建议做好如下准备工作。

首先,设立组织者或主持人,可以是一个人也可以是两个人。组织者或主持人是家庭会议的灵魂人物,一般在家庭中处于核心地位,有一定的威信,组织协调能力强。他(们)不仅能把家庭成员组织起来,还能准确地拟定会议的主题、把控会议的流程、推动会议达成一致结论,同时对会议决议的实施进行监督。

其次,会议应回避孩子。会议必须对孩子保密,避开孩子在家的时间,因为这可能会激起孩子的误解和抗拒情绪,产生"全家人合伙对付我"的错觉。

当然,要具体问题具体分析,有的孩子能从中感受到家人对他的关心,感受到家人在家庭教育问题上都可以达成一致思想,还有什么困难是我们这个家庭不能攻克和跨越的呢? 这对于他来说可能会成为一股强大的激励:大家都形成合力了,我还有什么理由不前进不努力呢?

第三,会议召开前需要事先逐个沟通。虽说参加家庭会议的都是家庭成员,但是如果不事先逐个沟通,也可能会出现"砸场子"的情况。一句话没说好,不仅可能引起尴尬,更有可能导致会议中断。事先的逐个沟通非常必要也非常有效。

举行家庭会议需要注重以下细节:

第一,用书面形式列出主要议题。召开会议的过程中,你一言我一语,很容易半路"杀出"一个新话题。形成书面议题,提前发给每位家庭成员,就能确保重要的主题能说到议到,不至于跑题太远,收不回来。

第二,会议要民主更要集中。创造机会让家庭成员把自己的想法、困惑特别是与其他家庭成员不一致的理念一吐为快,把"心结"解开,只有这样新的理念才能入脑、入心。同时要摆事实讲道理,把即将推广实施的理念讲深讲透,最好辅以权威专家或老师的佐证,让家庭成员心悦诚服。

第三,最终要形成书面决议,拟定家庭规范。书面的决议或规范,要注重针对性和实效性,关照到各方面的细节,以便取得实际效果。

会后要重点关注会议决议的执行情况,这是决定家庭会议的最终成效的关键。要安排专门的家庭成员,督促每个人贯彻执行,实际上也就是多提醒提醒,如果当面提醒影响和谐可以私下提醒。

家庭会议是家庭成员凝心聚力、促进团结、感受力量的好办法好举措,不仅给予家庭成员无限的精神动力,而且有助于良好家风的形成。这一举措也会潜移默化地给孩子一种教养:不一致的事情商量着办! 一家人围起来、团结起来,没有什么坎过不去!

协商勾画网络游戏的"时空边界"

不少家庭因为网络游戏的问题"鸡飞狗跳"，像看贼似地时刻管着孩子。当然，也有的家长因游戏"痛并快乐着"，自己玩游戏的时候"快乐"，看着自己的孩子玩游戏的时候"痛苦"。

在避免孩子沉迷于网络游戏这一问题上，家长不能总想着堵，要重在疏导，重在协商，理性智慧地勾画网络游戏的"时空边界"。

父母先尝试在头脑中形成一个比较合理的"时空边界"方案。为了形成这份方案，需要进行简单的调研，有了调研才有发言权。首先调研孩子本人。和颜悦色地与孩子聊聊游戏，了解他对游戏的理解，他自己认为比极合适的玩游戏的时间、地点以及时长。

其次，调研孩子的老师。了解孩子的在校表现、上课听讲及学习兴趣等情况，听听老师对于网络游戏的建议。

最后，向孩子的同学、家长了解，掌握朋辈的基本情况。调研结束了，心里有数了，方案也可以出炉了。

首先拟定初步方案。建议方案分为日常和寒暑假两种。日常方案包括正常工作日以及周末的安排。工作日的方案包括每天自由支配手机或电脑的时间，比如每天半小时或者每两天一小时。周末的方案包括每天早上起床的时间、晚上睡觉的时间、看电视的时间、自由支配手机的时间、户外运动的时间等。寒暑假方案由此类推。

方案初稿形成后，与孩子进行协商。心平气和地邀请孩子坐下来，看看自己初拟的方案。孩子听到父母主动答应给他"法定"时间自由支配手机，再也不用偷偷摸摸地玩了，一定是既开心又感激。同时，趁这个过程跟孩子达成几个约定：一是，游戏只是生活的调色板、调味剂，可以玩游戏，但是不能沉迷于游戏。

二是，要诚实守信，好好执行这个方案，要玩就光明正大地玩。偶尔多玩一会儿，可以跟爸爸妈妈说一下。

三是，玩游戏伤眼睛、伤腰颈，因此要调节好光线，摆好姿势，每次玩的时间不能太长。

四是，工作日用爸爸妈妈手机玩游戏，这样不容易超时，周末、寒暑假可以用自己的手机玩。在非玩手机时段，偶尔需要用手机查资料都用爸爸妈妈的手机。自己的手机平时由爸爸妈妈保管，或者放在一个约定好的地方。

方案形成后，打印几份出来，分别贴在孩子学习的地方和父母房间，便于经常查看。在规定时间内，父母就让孩子开开心心玩，不去打扰。看到时间已经超过，可以善意提醒，即使偶尔延迟几分钟或者半小时左右，只要孩子与你有沟通，就不要轻易打破民主协商的氛围，也不要轻易破坏孩子愉快的体验，这样孩子会愿意按方案执行下去。

以一个学期为一个阶段，一个阶段快要结束的时候，要提前与孩子协商下一阶段的方案。这一点非常重要，因为一旦有了空档期，孩子就有可能钻空子玩疯了。

这个方法避免了亲子之间为"游戏"而争斗，既维持了家庭的和谐，培养了孩子的时间意识，也磨炼了他的自控力、执行力。孩子无需跟父母玩"猫捉老鼠"的游戏，不会因被限制而对父母心生不满，因为这样的"时空边界"是父母与孩子民主协商来的，体现了对孩子的尊重。

"若要小儿安，三分饥与寒"的育儿智慧

"若要小儿安，三分饥与寒"，这句俗语出自明代医书《万密斋》，成为民间尤其是老人的育儿口诀。

如今虽然时过境迁，但是细细想来，这句古训仍然值得我们学习，尤其是现在经济生活条件好了，每个家庭的孩子少了，很多家庭在育儿过程中"反其道而行之"，埋下了不少隐患。

首先说"三分饥"。孩子小，消化机能不健全，但是普遍比较贪嘴，不知不觉地就吃多了。但是吃得过饱，会过早地加重他的胃肠功能负担，给他的生长发育埋下隐患。这就是民间常说的，小孩子不知道饥和饱。所以"三分饥"就是针对孩子这一特点提出来的，孩子进餐的总量需要加以控制。

现今，不少孩子患有肥胖症，就是因为能量摄入远远超过消耗，使得脂肪堆积。

儿童肥胖会产生较大危害，肥胖不仅会使患儿自我形象受到影响，进而发展成行为问题、心理问题，如不合群、自卑；而且还会产生较多并发症，如非酒精性脂肪肝病、慢性肝病、高脂血症，影响心血管健康，对身体造成较大危害。

其次说"三分寒"。儿科专家经常会训斥带孩子看病的家长不会给孩子穿衣服。

在中医的理论中，关于穿衣有这样的说法："衣衫当随寒热加减，但令心胸凉、背暖为佳。"也就是说穿多穿少还是得按照季节的寒热来，不是一味求多或是求少，但是有个原则就是要心胸凉、背暖。让心胸凉就是衣服的前面不要太厚，防止孩子心火太盛，避免闹嗓子和口腔溃疡，但是衣服的后面要厚，这样可以暖肺，从而避免感冒。

在冬季，有的孩子里面穿了一件薄羽绒，外面还要套一件密不透风的厚羽绒

外套。羽绒服保暖性很好，可是透气性很差，孩子们好动，容易出汗，衣服又不透汗，汗就干得慢，毛孔总处于打开状态，寒风一吹，就着凉了。

同样是冬季，有的家长喜欢给孩子盖很厚的被子，孩子热气重，容易在夜里出汗，就会频频蹬被子，把被子蹬掉了又容易着凉。

看来，"若要小儿安，三分饥与寒"的古训，也应成为我们家庭养育中要经常参照的重要法则。

遇到孩子特别喜欢吃的东西，一定要避免"暴饮暴食"。有的家长特别是老年人溺爱孩子，只要孩子要了就给。有的孩子喜欢吃荤、吃米饭，不喜欢吃素菜，而摄入过多的荤菜和米饭恰恰容易导致肥胖。这样的情况，要尽量避免。

穿衣时，可参照成人的穿着量，给孩子穿衣物，千万不能穿太多。

建议由孩子的妈妈或者爸爸专门负责孩子的穿衣，家庭成员的理念不同，参照标准不一，不仅对孩子不利，而且容易造成家庭成员间的矛盾。

此外，及早训练孩子感知冷热并增减衣服的能力。当下不少二十来岁的大学生这方面的能力仍然堪忧，这就是从小留下来的"病根"。

"若要小儿安，三分饥与寒"是育儿的大智慧。

与孩子讲道理要"赶早"

　　有句谚语：从小一看，到老一半。这与"三岁看到老"的意思是一样的，从一个人小时候的样子就能看到他长大的样子。这样的观点虽然并不完全科学，但有一定道理。

　　"从小一看"，表面上是观察孩子的言行，实质是看孩子所受的家庭教育。个人认为，孩子的成才与所在家庭的贫富并不直接相关，与孩子父母的受教育程度也没有决定性关系，而在其中发挥关键作用的是父母有没有掌握正确的家庭教育理念，有没有教给孩子一些正确的道理并且身体力行、率先垂范，有没有及早地让孩子明白这些道理。

　　因此，"正确"地与孩子讲"正确"的道理非常重要，而且要"赶早"。

　　首先，为什么要"赶早"？

　　孩子是一棵小树苗，是一张白纸，是一片肥沃的"土壤"。家长要把握机会，在孩子不知不觉长大时，教给孩子一些基本的道理，为孩子的成长赢得"第一桶金"。

　　随着孩子自我认知水平和能力的提升、人际圈的扩大，来自其他孩子和外部环境的影响将变得非常迅速而深远，可以说有些影响将达到颠覆性的效果。如果孩子此前接受的家庭教育，没有能够帮孩子形成一定的"免疫力"，如果孩子还没能将一些正确的道理内化成为自觉，那么孩子将很容易受到"歪道理"或"坏习惯"的影响。

　　有的家长可能会认为：孩子还这么小，讲道理这事，等他长大了再说吧。其实，孩子长大的速度非常快，甚至快得让家长措手不及。日复一日，年复一年，"还没有来得及好好跟孩子聊聊，孩子就长大了""当我感觉孩子已经长大，迫切想跟他讲讲道理时，发现他已经步入逆反期，越沟通越糟糕"，很多家长错过了跟孩子讲道理的最佳时期。

其次,为什么要强调"正确"地讲道理?

这是针对教育的态度、方法和成效而言的。如果家长在讲道理时,不注意自己的态度,不能运用正确的方法和技巧,就不可能产生积极的成效。为了讲道理而讲道理,强迫孩子服从,这样的教育无异于扼杀孩子。因此,在与孩子沟通时,一要注重营造良好的沟通氛围,让孩子能够心平气和地听、安静地思考,巧妙地启发孩子去理解;二要注重循序渐进,一开始看不到什么效果,这很正常的,要耐心宽容,父母只要做有心人,不用太长时间就会看到孩子的变化;三是注重示范,父母是最好的老师,父母的言行就是潜移默化的指引。

再次,跟孩子讲的道理必须"正确"。

这是家庭教育的底线,按理说,不会有家长去触碰这个底线,但是不排除部分家长的家教理念存在偏差,这样就可能会教偏孩子。因此建议家长首先学习家庭教育的理念,防止孩子被家庭教育误导。

课余时间让孩子玩"透"是教育大智慧

　　玩耍几乎是学龄前孩子生活里最重要的主题,他们通过玩来认识自我,建立自己与世界的最初联系及对世界的模糊认识。人们正是通过玩开启人生,为未来的学业、事业打基础,为未来的发展积蓄力量。

　　没有童年的孩子,是没有未来的。因此,在孩子的成长过程中,玩异常重要,需要家长们给予高度关注。建议父母创造充足的条件,抽出更多的时间,确保更多的陪伴,让孩子玩"透"。

　　第一,玩得越尽兴,休息越充分,头脑身心越放松,学习潜力就越强劲。人的大脑就像海绵,吸满了水后,就不能再吸收水分。人在长时间专注学习、工作后,大脑的特定区域会产生代谢垃圾,让人感到疲劳,效率降低,需要通过休息,清醒头脑,将代谢废物排出。休息越充分,代谢废物排出得越干净,待重新返回学习场景时,大脑接受新知识也就越快。

　　千万不能逼着疲惫的孩子再接着学习,这样不仅严重影响下一个阶段的学习,使学习效率骤减,而且会消减孩子的学习兴趣。

　　第二,玩可以提供学习素材。现在的语文、英语等科目都需要创作取材于生活场景的作文,如"童年趣事""我的好朋友""印象最深刻的一件事情"等,理科课程也会通过现实生活中的具体事例,引入科学理论,启发孩子思考。课余时间玩"透"为孩子积累了人生阅历与感悟,帮助其完成对现实世界从感性认识到理性认识的飞跃。以玩促学,带着思考学习,不做"书呆子"。

　　第三,玩还可以激发孩子的智慧。玩的智慧与学习方法、克服困难的勇气及解决问题的办法,深刻关联,拥有相通的底层逻辑。因此,我们常常可以看到校园里的"学霸"们,不仅会学,更会玩,生活丰富而充实!

　　此外,在玩"透"的过程中,家长可以寓教于乐,巧妙地与孩子进行沟通,达到教育引导的目的。

第一,培养"玩的时候要好好玩,学的时候要好好学"的意识与习惯,引导孩子做到玩与学之间愉快自如切换。

第二,引导孩子养成时间管理的意识及习惯,培养自我控制能力。

第三,在玩中找到机会与孩子探讨人生的目标与意义等主题,加深孩子对生命、生活的体悟。

第四,教会孩子与同伴相处,懂得分享和同甘共苦,协调矛盾,培养团队协作和利他精神。

第五,教会孩子在困难面前,冷静思考,寻找解决问题的方法。

第六,实施全方位的安全教育。

让孩子玩"透"本身就是一种深层次的教育智慧,是遵循教育规律、孩子成长规律的重要表现,是帮助孩子更好地学习、健康地成长的首要途径。

高校不应成为家庭教育"洼地"

　　高校是人才培养的"高地",却也是家庭教育的"洼地"。在人们的潜意识中,大学生是家庭"放长线的风筝",到了大学阶段家庭教育自然应该退居幕后。但在现实中,家庭是个体最原始的生存环境,是烙入学生思维和行为深处的"钢印",在青年成长过程中持续发挥着举足轻重的作用。

(一)高校是家庭教育崭新而特殊的阶段

　　不同于学校和社会教育在某种情况下是阶段性、间接性的,家庭教育对个体的影响是具体且连续的,但唯独在大学阶段,家庭教育呈现为明显的游离状态,因为大学生脱离了家庭环境融入集体生活。但另一方面,大学是开展家庭教育干预和矫正的"黄金期"。家庭教育对个体的影响具有滞后效应,青少年时期的成长环境较为单一,家庭形塑的品格特点和行为模式难以显现。但进入大学阶段,随着集体生活和社会生活的逐渐展开,个体的综合素质差异逐步凸显。不少研究表明,大学生中的心理和行为缺陷,追根溯源都与早期的家庭教育有关。因此,在大学阶段统筹学校与家庭的教育合力,有针对性地开展干预和矫正,往往能起到事半功倍的效果。此外,高校的研究成果能够反向推动中小学阶段的学校和家庭教育,强化对家庭教育的指导和干预,有效实现家庭教育的大中小学一体化。

(二)家校协同推进家庭教育的困境

　　意识淡薄是大学阶段家庭教育缺位的主观原因。从家庭角度来看,在孩子步入大学后,家庭教育表现出两个极端。"放手型"家长认为,孩子进入大学等同于进入了"保险箱",无需过问。除了在物质方面提供保障外,家长与孩子的思想和情感交流断崖式减少。"依恋型"家长处处放心不下,甚至产生焦虑,增加了孩子的压抑与烦躁情绪。从学生的角度来看,"00后"的独立意识较强,与父母间的代际鸿沟突出,普遍抵触传统的说教。从高校角度来看,其承担着人才培养、科学研究等繁重任务,投入到家校协同的人员和资源微乎其微。即便在教育管理层面,也更多强调大学生的自我教育和管理,对家庭教育的指导多停留在面向极少数"问题学生"的家校会商层面。

能力短板是协同开展家庭教育的客观困境。一方面,开展家庭教育的抓手不足。学生与父母两地分隔,脱离家庭本体,开展家庭教育缺乏载体。家庭教育涉及的不少问题具有"隐性特征",但家校、师生以及父母子女之间因关注焦点各异,存在一点信息"剪刀差",难以形成合力。另一方面,高校家庭教育的实施体系不够完善。家庭教育在高校长期被边缘化,相关理论、制度和经验严重不足,相当一部分甚至是中小学家庭教育的翻版,尚未形成有针对性的、规范化的、长效的教育实践体系。此外从该项工作本身来讲,家庭教育的内容较为琐碎,需要长时间的跟踪、对接和接触,需要足够的耐心、精力、经验和情怀。在顶层设计不明确、师资供给不足的情况下,家庭教育更多时候成了一项可深可浅、可有可无的"良心活"。

(三)"三位一体"开拓家庭教育新路径

明晰家庭教育的职责定位。不同于中小学生,青年群体已经形成了一定的价值体系。该阶段家庭教育应包含家庭、高校和社会等更加多元的主体;教育方法应从早期的隐性塑造向更显性的直接的干预矫正、优化提升等转变;教育内容则应拓展到包含婚恋、子女等更加宽泛的家业教育。

统筹多主体参与、协同补位。大学阶段的家庭教育游离在"家庭场域"之外,但面向的空间更加广泛,教育的过程既在当下,也牵涉过去,更面向不久的将来。高校要树立本位意识,力扛家庭教育的组织者、协调者、指导者和实施者等多重身份,强化家庭教育的实施主体地位。家庭则要充分发挥家长独特的情感优势,掌握基础的家庭教育知识,熟悉青年的成长规律,强化家校、父母与子女的主动沟通意识,及时跟踪问效。大学期间,学生群体的自我学习、自我教育的意识和能力尤为突出,高校要搭建平台,构建学生主动接受家庭教育的环境,既要给大学生前期接受的家庭教育"补课",也要为即将成为父母的大学生提前进行家庭教育的"备课"。此外,政府和社会等在宣传、督促和反馈等环节发挥着至关重要的作用,要善于借用外力补足资源和渠道短板。

推动家庭教育体系提质进位。首先,要进一步完善高校家庭教育体制机制建设。重视发挥各方的合力,主动设置相关的部门,出台相关的规定,下拨相关的经费,培训专业的人员,把家庭教育纳入高校的教育管理体系。其次,要加强对家长的培训,在青年夫妻申领结婚证或生育前开展专业化的辅导,家庭教育的关键在家长,核心在孩子,助力家长的家庭教育能力的全面提升是无法绕开的话题。第三,要进一步强化家庭教育方式方法创新。围绕学校实际,适时设置家庭教育相关专业或研究方向,强化专业化、职业化家庭教育人才培养,推动家庭教育理念、理论和实践创新。第四,充分认识家庭教育在高校思想政治教育中的重要作用,将家庭教育纳入高校思想政治理论课范畴,强化思想政治教育与家庭教育、社会教育的协同。此外,要进一步发挥新技术手段的支撑作用,通过信息技术途径构建家长与学校沟通的桥梁。依托微信、微博等信息平台及时反馈家校情况,借助慕课、在线课堂等形式,开展家庭教育的相关培训,强化家庭教育中德育的核心作用。

第三篇

思想引航：探寻"宝藏"与追光而行

　　马克思 17 岁时在高中毕业作文《青年在选择职业时的考虑》里写道："如果我们选择了最能为人类而工作的职业，那么，重担就不能把我们压倒，因为这是为大家做出的牺牲；那时我们所享受的就不是可怜的、有限的、自私的乐趣，我们的幸福将属于千百万人，我们的事业将悄然无声地存在下去，但是它会永远发挥作用，而面对我们的骨灰，高尚的人们将洒下热泪。"

　　这段话曾激励无数青年志士勇往直前，也必将成为新时代大学生探寻的"宝藏"和追寻的光亮。青年大学生从不缺乏方向、智慧与力量，最为可贵的则是将个人梦想融入强国梦，将个人力量汇聚到中华民族伟大复兴的磅礴伟力中。

从青年马克思的"三观"中获取成长力量

在纪念马克思诞辰 200 周年的日子里,我近距离了解到了马克思,体验到他的灵魂之伟、精神之博,并为之深深震撼。

2018 年,作为马克思主义学院的一名辅导员,我在学院内召集了 30 名大学生,包括本科生和研究生,组建了"走近马克思——纪念马克思诞辰 200 周年"宣讲团,邀请资深党史专家费迅教授担任宣讲团的首席专业指导教师。担任跟团指导教师的我,有机会与大学生宣讲员们一起探寻马克思的成长经历和丰功伟绩。

当我看到马克思在 17 岁高中毕业时写的作文《青年在选择职业时的考虑》,就被深深地折服,这是我所看到的,最伟大、最深刻、最通透、最有号召力的关于人生观、价值观和世界观的宣言。

他这样写道:"如果我们选择了最能为人类而工作的职业,那么,重担就不能把我们压倒,因为这是为大家做出的牺牲;那时我们所享受的就不是可怜的、有限的、自私的乐趣,我们的幸福将属于千百万人,我们的事业将悄然无声地存在下去,但是它会永远发挥作用,而面对我们的骨灰,高尚的人们将洒下热泪。"只要细细研读品味这段话,便不难理解为什么马克思能成为伟人,成为伟大的革命导师。

马克思领导并创建了世界上第一个无产阶级政党——共产主义者同盟,领导世界上第一个国际工人组织——国际工人协会,热情支持世界上第一次工人阶级夺取政权的斗争——巴黎公社革命,撰写了国际共产主义运动的第一个纲领性文献——《共产党宣言》。他不仅洞见了人类社会发展规律,而且开创性地阐述了科学社会主义理论,指出共产主义运动将成为不可抗拒的历史潮流。

"一个幽灵,共产主义的幽灵在欧洲游荡。为了对这个幽灵进行神圣的围剿,旧欧洲的一切势力,教皇和沙皇,梅特涅和基佐,法国的激进派和德国警察,都联合起来了。"

这是《共产党宣言》开篇的一段话。一百多年过去了,这个"幽灵"仍在不断地奏唱一曲曲凯歌。

《共产党宣言》为世界共产主义运动指明了正确的前进方向,对全世界的无产阶级革命运动起了巨大的推动作用,并在百年之后直接影响了中国共产党人的治国理政方略,推动了中国经济社会的快速发展,助力了我国人民的美好生活。马克思擘画的伟大蓝图,对于人类的贡献,历史会予以客观的评价。

马克思在颠沛流离的生活中,常常囊空如洗,衣食无着,如果不是他的革命战友恩格斯在经济上长期无私地援助,马克思就无法领导国际无产阶级运动和专心进行理论创作。他与恩格斯的崇高友谊,也为人类树立了光辉的典范,这两位伟人的珍贵友谊告诉我们:建立在共同信仰和追求的基础之上的友谊,才是万古长青、牢不可破、经得起考验的。

马克思最终成为世界上最伟大的思想家、政治家、哲学家、革命家、经济学家、社会学家,他涉足的学科领域、精通的知识门类、创作的鸿篇巨制,至今几乎无人能及,而他的成就又与每一个普通人息息相关,这也是马克思传奇、伟大与不朽之处。

当我们再次阅读马克思的文章《青年在选择职业时的考虑》,当我们领会了马克思"为人类求解放""为人类而工作""我们的幸福属于千百万人""我们的事业将悄然无声地存在下去,它会永远发挥作用"这些旷世宏愿,我们便读懂了马克思学习一生、奋斗一生、战斗一生的力量源泉、胸襟格局和远卓智慧。

显然,青年马克思为人类求解放的价值追求,支撑起了他的灵魂与肢体,助他克服了杂念与困难,让他充满动力,充满激情,充满洞察世界的独特灵感。他不知疲倦地学习、思考、演讲、写作、奔波与斗争,与恩格斯一起成功地创立了马克思主义,指引世界共产主义运动从理论探索走向实践成功。

以史为鉴,以人为镜!树立正确的三观是一个人立足社会、支撑灵魂、奋力成长的根基,也是青年学生首先应思考和实践的人生重大课题。

教育的终极目标是唤醒学生内心的积极因素,形成自我发展的内驱动力,启发学生进行自我教育,否则,教育的价值便无法实现,学生也无法获得全面而充分的发展。

我们在举足前行时,我们得想清楚:我是谁,我从哪里来,这一路走来是谁在指引着我,我有什么样的使命,我要走向何方,我与国家、社会和家庭有着什么样的关系?什么样的人生才是最有意义的,什么样的灵魂才能真正立足于世?

青年马克思在中学时代就已经找到了明确的答案,并用一生笃行不怠,指引社会发展,福泽天下,让后世高尚的人们自发地"面对他的骨灰洒下了热泪"。

就在此刻!年轻的我们,考虑好了吗?我们要成为什么样的人?拥有什么样的人生?社会又将因我们而变得更美好吗?

正确三观是当代大学生的"标配"

青年成长无小事，青年的三观塑造更是全社会都应关注的"国之大者"。2014年5月4日，习近平总书记在北京大学考察时说："人生的扣子从一开始就要扣好。"他还说："一个人若身体缺钙，就容易骨质疏松，患上软骨病，立不起来。"同样，一个人若精神没有支柱，就必然会迷茫、萎靡、颓废，甚至误入歧途、坠落深渊。

人生观、价值观、世界观就如同人的精神之"钙"。因此，大学生要锤炼本领、增长才干，首先要看精神之"钙"缺不缺，即是否树立了正确的三观。

三观关乎内在力量能否被有效激发，以及内在力量发挥在何种方向，这是人生的根本性课题。从三观树立的那一刻起，人生的航向便已经基本确定，如果方向不明甚至并不正确，航船可能会在原地打圈，更可能会驶向危险水域。

古今中外的许多伟人，如高尔基、爱因斯坦、毛泽东、周恩来等，都是在青少年时期就立下鸿鹄之志，将自己的命运与全人类的福祉紧密联系。青年马克思17岁时确立了"选择了最能为人类而工作的职业，那么，重担就不能把我们压倒……我们的幸福将属于千百万人，我们的事业将悄然无声地存在下去，它会永远发挥作用"的人生目标和远大志向。

三观的重要程度毋庸置疑。但是，三观也不是一蹴而就的，它也有自己的形成机制。

首先，三观的形成需要"土壤"。这里"土壤"是指大学生所处的家庭环境与成长氛围，大学生的所见、所闻、所思、所想，构成了"土壤"的营养成分和温度湿度。因此大学生的三观在更多层面上，是复杂因素的综合结果。

其次，多学习借鉴和交流探讨。大学生朋友存在困惑的时候，可以多借鉴和汲取中华优秀传统文化与革命文化，向先进典型人物进行学习，一定要善于思考和辨别,不要轻易地定调定色。

建议与师长进行交流探讨,请他们给自己提供一些建议,推荐一些书籍资料,分享一些有益的故事,来拓展自己的视野和格局。

同时,在"慎独"中学会自我教育也非常重要。如果大学生学会了进行自我教育,那么,他就具备了一定的洞察力和思考、借鉴的能力,便能在充分吸收借鉴优秀文化的基础上,立意高远,时不待我地向人生目标迈出铿锵步伐。

争当引领时代奔跑的青年

青年强则中国强，青年是国家和民族最富希望的中坚力量。我们要争当能够引领时代奔跑的青年！

我们永远不会忘记，1919 年，"五四运动"在中国大地爆发。民族危难之际，先进青年知识分子为拯救民族危亡、捍卫民族尊严、凝聚民族力量，掀起了伟大的救亡运动，以磅礴之力鼓动了中国人民和中华民族实现民族复兴的志向和信心，开启了伟大的新纪元！

我们永远不会忘记，经过引领时代奔跑之青年发起的"五四运动"的洗礼，越来越多中国先进分子团结汇聚在马克思主义旗帜下，1921 年中国共产党宣告正式成立，中国历史掀开了崭新一页。

我们永远不会忘记，在建党初期或是新中国成立的前夜，无数青年人舍家为国，抛头颅洒热血，矢志奋斗，前赴后继。我党著名的革命家、政治家、军事家，杰出的农民运动领导方志敏同志，1935 年 1 月 29 日被捕，8 月 6 日牺牲，年仅 36 岁。他用信仰和生命践行了"努力到死，奋斗到死"的誓言。正如方志敏所说："清贫，洁白朴素的生活，正是我们革命者能够战胜许多困难的地方"。我们读着他用灵魂和生命所著的文章——《可爱的中国》，不禁感叹那是怎样的一种爱国情怀，怎样的一种对信仰的忠贞不屈，怎样的一种革命乐观主义精神！

我们永远不会忘记，方志敏功高至伟，但是他仅仅是千百万中国共产党员、爱国志士、牺牲最后一滴血的革命烈士中的一员。我们不能忘记他们，也不会忘记他们！

我们永远不会忘记，无论在战火纷飞的战争年代，还是在一穷二白的社会主义事业建设初期；无论是在物资极度匮乏的年代，还是当下全面建设社会主义现代化的新时代，每个年代有每个年代的长征和斗争，每代人有每代人的使命和责任,每个年代都有一群群有志爱国青年,心系国之安危、人民之福祉,汇聚在党旗之下,他们的铮铮誓言响彻云霄,以眷眷之情、拳拳之心,汇聚成不可抗拒之洪流,引领时代奔跑,推动时代前行。

作为新时代青年,我们要与党和国家同向而行,我们要立足世界格局变化,我们必须立足更远和预见得更加超前,我们必须自觉以时代要求为己任,我们有责任和使命投入这场民族伟大复兴的旷世宏篇。

作为新时代青年,我们要成为一群能够团结凝聚一群又一群人的人!我们要善于团结协作,善于凝聚和引领,光荣伟大的事业只有汇聚一代又一代人的力量,才得以实现。

作为新时代青年,我们坚定信仰,坚信只要团结一心、众志成城,任何力量都不能够阻挡我们前进的步伐,我们前赴后继,永不放弃,我们相信没有不能完成的任务,没有实现不了的理想!

作为新时代青年,我们清醒地懂得,我不担当靠谁去担当,我不拼搏靠谁去拼搏,担子已经责无旁贷地落在我们肩上。我们中国共产党已经带领国家和人民全面建成小康社会。新的征程更加需要我们的智慧力量,更加需要我们的觉醒,我们责任在肩!

我希望:襁褓中的幼子,可以成长为引领时代奔跑之青年,我们要用健康均衡的养分去滋养他长大,让他的羽翼一天天丰满!

我希望:风华正茂的青年,要争当引领时代奔跑的青年,党之指引、国之期盼是新时代的冲锋号,我们要集结在党旗下,向民族伟大复兴之未来迈出铿锵步伐!

我希望:步入中年老年的有识之士,担当青年人的伯乐和导师,指引青年告别安逸享受,关注国家和民族命运,努力争当引领时代奔跑的青年!

中华民族的伟大复兴,需要一代一代青年初心如磐、前赴后继、忘我奋斗!我们期待那洒满血汗的历史功勋册上,有你、有我、有他,有我们这一代每位青年的汗水印记!

当困难来临，谁是你的"诺亚方舟"

我们经历矛盾挣扎时，经常会问："我是谁，我来自哪里，又将去向何方。"有的人能够自己找到答案，有的人找不到答案，也许会因此困惑苦恼一生。

有的人一辈子不会去想这样的问题，因为他觉得自己活着最重要，自己快乐人生就有意义，自己不快乐就是命运不公，他没有回顾过去的习惯，没有谋划未来的能力，也没有能力让自己变得更好。

但是，有一个问题我们不得不努力找到答案：当困难来临，谁在支撑我们，谁才是我们的"诺亚方舟"？当俄乌冲突全面爆发，滞留在乌克兰的中国公民，他们的人身安危牵动着全国人民的心，于是我们的祖国果断出手，很快从乌克兰全面撤侨。

当上海疫情暴发，国务院副总理坐镇上海指挥，全国各省市紧急调集医护、筹措物资，火速抵沪，不论男女老少，他们逆行而上，不顾自己而顾他人，不顾自家而顾大局，他们的身后又是什么力量在支撑？网友留言：是谁深夜又被感动，你永远可以相信这个国家！

当我们还是孩童时，是谁把我们拉扯大？哪怕物质并不富有，哪怕工作繁忙，父母、亲人还是无私地疼爱着、保护着幼小的我们。

进入大学，学院和班级是你的家园，父母不在身边时老师就如同家长，一群活泼可爱的同学成了兄弟姐妹，相互陪伴。当你在学业上遇到困难，班级组织了"助学攻坚"小组，辅导你学习，不会将你放弃。当你生病感冒，舍友为你端来开水，嘘寒问暖。

当困难来临，谁是你的"诺亚方舟"？国家、家乡、社区、家庭、班级、舍友，用担当给出了答案，他们就是你的"诺亚方舟"！

当你身在国外，你的背后有祖国；当你振翅飞翔，你的背后有家乡、亲人和朋友，你所在的地方就是父母眺望的方向；当你学业取得显著进步，你的班级为你自豪；当你只身一人在宿舍黯然神伤，舍友陪伴你一宿一宿地恳谈。

你的背后是他们，你心里最柔软的地方是他们，等待你的好消息的也是他们，为你的失败、失落托底的还是他们……

你得看清他们的面庞，他们也有悲伤、生病的一天，那时你一定要记住你身上的标签，这样的标签是你的脊梁。你在哪儿祖国就在哪里，你在哪儿家庭就在哪里，你在哪儿母校就在哪里，你在哪儿班级就在哪里……

因此，你得好好地爱你自己，好好地爱惜自己的标签。当你心里有信仰，有热爱，在你的身后就有"诺亚方舟"。

谈谈大学生的"主动精神"

　　"主动精神"是一种极其珍贵的财富，主要表现为不畏困难、不怕失败、敢于突破、敢于挑战极限的精神气。有"主动精神"的人，在机遇面前主动出击，不犹豫、不观望；在困难面前迎难而上，不推诿、不逃避；在风险面前积极应对，不畏缩、不躲闪。

　　无论是对一个国家和民族，还是对一个家庭以及每个人，"主动精神"都极其重要。毛泽东在《水调歌头·重上井冈山》一诗中写下了：世上无难事，只要肯登攀。这是对"主动精神"的生动表达。

　　明朝著名思想家王阳明的一生演绎了"主动精神"。王阳明初入仕途，因反对弄权者，被罚当众扒裤子打屁股后扔进诏狱，后又被发配到贵州龙场驿任驿站站长，发配的路上还遭到锦衣卫的暗杀，王阳明落水诈死才逃过一劫。王阳明到了龙场驿后不仅没有消沉绝望，还悟出了他的心学理论，交了志同道合的朋友，开设了学堂。他的课总是座无虚席，连树上都爬满了听课的群众。王阳明后来成为著名的思想家，他的哲学思想至今仍影响深远。

　　真正的"主动精神"，就是在顺境里，只争朝夕，主动担当主动创造；在困难面前，斗志昂扬，毫不退缩。主动的另一面是被动，是消极的态度与情绪。大家知道，在被动的状态下，不仅什么任务都难以干得漂亮，而且还容易出现人际关系不和，甚至容易因郁结于心而生病。

　　因此，与其消沉与等待，还不如主动行动。大学生正值青春，精力旺盛，充满智慧，对新事物具有极强的学习与领悟能力，让我们亮起"主动的旗帜"，领跑在时代的轨道上。

　　大学生的"主动精神"首先体现为高度的自省自觉。我们生活在伟大的新时代，恰逢国家发展的好时机和个人成长的良好机遇，在如此宝贵的发展大势面前应顺势而上,主动作为。对自己的优缺点有清醒的认识,在人生关键之处做出正确的抉择。以高度的自觉自省把握人生发展的机遇,不断获得自我的成长。

其次,大学生的"主动精神"体现为充分自信。我们的自信并不空洞,而是植根于深厚的文化土壤、熔铸于不懈奋斗之中。新的征程,新的成长,我们应在坚定的民族自信的基础上,发扬奋斗精神,提高业务本领,实现自我提升,最终成就自我,回报家庭,服务社会。

再次,大学生的"主动精神"体现为强烈的勇于担当。理想信念是主动精神的力量源泉,也是勇于担当的不竭动力。人无志不可立。大学生作为新时代最积极的新生力量,应充分发挥担当意识和责任意识,以咬定青山不放松的执着,奋力实现个人目标和人生价值。

最后,大学生的"主动精神"体现为勇于创造。习近平总书记在庆祝中国共产党成立95周年大会上说:"中国走过的历程,中国人民和中华民族走过的历程,是中国共产党和中国人民用鲜血、汗水、泪水写就的,充满着苦难和辉煌、曲折和胜利、付出和收获,这是中华民族发展史上不能忘却、不容否定的壮丽篇章,也是中国人民和中华民族继往开来、奋勇前进的现实基础"。大学生是新时代最值得期待的创造者,是社会进步的重要力量。我们要充分发挥积极性、主动性、创造性,创造无愧于自己、无愧于时代的业绩。

拒绝"目标休克"，你做到了吗

常言道：树无根不长，人无志不立。目标对每个人来说，既是方向指引，也是动力激发，更是行动路径，至关重要。

在大学校园，我们常常遇到没有目标，正经历着短暂的"目标休克"的学生。小兴同学近期学习不在状态，挂了很多科目，我让他到办公室来聊聊。通过谈话发现，他目前明显处于"目标休克"状态。他说上大学之前，考大学一直是他的目标，但考上大学之后，他就没有了新的目标，学习方面提不起精神，无法集中注意力，考试结果不理想，心理压力也特别大。

与小兴的情况类似的学生还有不少，在学习成绩不佳、游戏成瘾或者有其他不良嗜好的学生群体中，"目标休克"及短暂时间内目标不明晰者还是占比较大的，因此，"目标休克"现象应引起关注。

究其原因，与基础教育及家庭教育有很大关系。一方面，对学生的三观引导不够重视，没有能够有效地帮学生树立起三观，俗话说"浇树浇根，育人育心"，这项工作没有做好，就会产生连锁反应。另一方面，在学生学涯规划指导中，目标过分具体、窄化与单一，而没能立足学生的一生，进行目标规划教育。

"上大学"是我国所有接受基础教育的学生的一致目标，这是理所当然的，但是大概三至四成的学生只有"上大学"这个目标，一旦这样的目标达成，他就有可能进入"目标休克"的状态。这样的学生可能会随波逐流，如果遇到好老师的引导教育或者好的学习氛围，学生还是能够从短暂的"目标休克"阶段过渡到新的目标阶段，反之，则会经历一段时间的成长"断档期"，出现与上文提到的小兴类似的情况。

个人目标管理，一直是贤达名人和成功人士非常注重的方面。宋朝政治家与文学家文天祥写下这样的名句：臣心一片磁针石，不指南方不肯休。他一辈子不改忠心爱国的目标。美国著名人际关系学大师卡耐基说:"如果你想要快乐,设定一个目标,这个目标要能指挥你的思想,释放你的能量,激发你的希望。"

如果此刻的你正处于"目标休克"阶段,建议从以下四个方面去做。

首先,如同爱惜眼睛一样,重视自己的目标。有了目标就有了方向,如果你已经感觉到自己目标不明晰,应及时进行目标建设。

其次,充分认识正确的三观在个人目标管理中的根基作用。目标缺失,上进心不足,动力不济,不同程度上反映的都是三观方面的问题。所谓基础不牢地动山摇,注重将个人成长与家庭、集体和社会紧密衔接,提升自己的使命感和责任感。

第三,及早做好人生规划,谋划好自己的学涯、职涯、生涯。从更长远的视角进行目标建设,既要有眼前的具体目标,也要有某个阶段的总体目标,更要有长远的人生目标。如同烟花三月我们看风景一样,做到三步一景五步一画,我这里所说的景和画就是指各种不同的目标。

第四,养成每天写日记的习惯。随时进行反思和总结,有针对性地规划目标,每天有每天的目标,每年有每年的打算。如此这般,目标一直在牵引我们向前奋进,不仅可以避免"目标休克",青春也会因奋斗变得更美丽。

写给正在起跑的大学生

信仰是人的灵魂、精神支柱，是一种人生态度和人生选择，是人生存发展的内在动力和终极追求。新时代的高等教育要落实立德树人的根本任务，这里的立德，首先是指我们的大学生要树立正确的信仰，这是大学生要扣好的人生第一粒扣子，国无德不兴，人无德不立，这丝毫含糊不得。

马克思在中学生时代就立志"为人类幸福而斗争"，17岁那年，他在论文《青年在选择职业时的考虑》中写道："如果我们选择了最能为人类福利而劳动的职业，那么，重担就不能把我们压倒，因为这是为大家而献身；那时我们所感到的就不是可怜的、有限的、自私的乐趣，我们的幸福将属于千百万人，我们的事业将默默地、但是永恒发挥作用地存在下去。而面对我们的骨灰，高尚的人们将洒下热泪。"如此坚定的信仰引领他走完了英雄而光辉的一生，他的一生给人类带来了福音。

同样，周恩来14岁立志"为中华之崛起而读书"。15岁的习近平在陕北梁家河村插队，努力劳动，勤奋读书，向人民群众学习并与群众打成一片。

大学生风华正茂，正是敢于筑梦、追梦的时期，也是塑造信仰、确立理想信念的黄金期。建议青年大学生将个人信仰与党和国家的奋斗目标结合起来，及早树立共产主义远大理想和中国特色社会主义共同理想。

共产主义远大理想，看似非常遥远，但是我们国家已经建成了14亿多人的小康社会，我们已经在迈向共产主义社会的征程中迈出了重要的步伐。我们大学生要善于以更宽广的胸怀、更广阔的视野、更深邃的哲学思维，去开展深入灵魂的自我拷问，大家要去问自己：我是谁，我为了谁，我要成为谁？我们如何才能做到与民族同命运、与人民共呼吸？

如果说每个人都是一棵树，那么拥有正确信仰的人，他的根是扎进大地的；

他的信仰越崇高,他的根系越会深深地扎进大地,他越能经得起各种考验、挑战,最终长成参天大树。

(一) 大学生的学业启航

学习是大学生的核心要务,学业表现不好的学生,不能算是好学生。同学们高中期间的直接目标是考取理想的大学,进入大学后,除了树立远大理想外,也应该及早明确眼前的目标。迅速适应大学学习生活,了解大学课程的规律和特点,掌握适合自己的学习方法,跟上学习的节奏都很重要。有的同学可能认为,这些谁不懂啊,但是遗憾的是,我们发现总有一部分学生做不到。文科专业稍微好些,理工科专业的大学生中大概会有 10% 左右甚至更高比例的出现挂科、补考不通过等现象,甚至有的要通过 1 次或多次重修才能通过。所以大学里的两极分化也很明显。我认为造成这种现象主要有以下四种原因:

一是部分学生没有及时树立新的目标。考取大学了,多年的学习目标实现了,先"歇口气再说",结果就"歇菜了"。

二是部分学生没有及时掌握大学课程的学习方法和节奏,学习属于"应付式、应景式",缺乏主动谋划,缺乏充足的预习、复习和思考、练习,再加上眼高手低,导致学习效果不理想。

三是还有部分学生精力过于分散,丰富多彩的活动、各种社会兼职、各种各样的兴趣爱好或者轰轰烈烈的恋爱,导致仅有的时间被划分为很多小块,主要精力不能集中到学习上,结果耽误了学习。

四是极少数学生习惯于从众,看别人都在学,他就学;看有人在玩,他也要玩;他就看不到别人在他睡觉和发呆的时候也在学;他也想不到,有的学生理解和接受能力强,事半功倍,结果被别人甩开了几条大街,找不着北。

我建议,同学们要及早知晓和掌握大学课程与高中课程的不同之处。高中的知识点是固定的,每个重要的知识点老师会讲解几十遍,再考试练习几十次,只要认真努力,考试正常发挥,考取大学也是情理当中的事情。但是大学就不同了,每个学期都有 10 门左右的新课程,书本上的每一个章节老师一般只讲一遍,一堂课几页或者几十页的知识点就翻过去了,对于核心课、难度大的课,如果自己不预习不复习不做练习,几乎是没有办法掌握的;想掌握得好,得多复习几遍,多做几道题。课余时间怎么去安排,哪门课花多少时间,晚上在教室自习到几

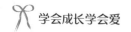

点,周末去不去图书馆、长明灯教室,要自己提前安排,并在执行过程中抵抗干扰、克服慵懒。担任学生干部的学生,要处理好学习和工作之间的关系。

(二) 大学生的人际交往

对于这个主题,我想谈谈大学生与父母、老师、舍友、同学的相处,以及对大学生恋爱的看法。

我建议同学首先应特别关注与父母的相处。大学生犹如一只飞鸟,振翅起飞离开了原来的小家,飞进了更广阔的天空、更精彩的世界,但父母还留在同学们成长了 20 年的地方,朝着你飞翔的方向仰望。很多父母对孩子的远去求学感到开心,也有父母不适应,甚至可能担心到失眠、孤独到抑郁。大学生在逐渐适应大学生活的同时,不应忽略父母。一方面努力照顾好自己的生活,完成好学业,让父母少操心;另一方面要主动关心父母、向父母报平安,耐心回应父母的询问。

其次要关注与老师的相处。课堂上用眼睛、表情和肢体语言与老师形成良好互动。在课后要勤于提问,老师都比较喜欢问问题的学生。在生活、兼职或情感方面有困惑,一定要及时向班主任或辅导员倾诉。老师是学生成长进步的"人梯",也是学生可以借力的核心资源。当然,与老师相处,要注意文明礼貌,心存感恩,同时也要注意保持合理的距离,特别是与异性老师之间。

第三要处理好与舍友和同学之间的关系。简而言之,就是要融入宿舍、班级。真诚、热忱地对待同学,表达出你被他们接纳的渴望。最简单的一个方法就是,在最短的时间内记住全班同学的名字,并与每一个人进行深入的交流。

最后,我们来谈谈大学生恋爱的话题。大学阶段想要恋爱无可厚非,关键是什么时候恋爱,和谁恋爱,以及恋爱的目的是什么。关于什么时候恋爱这个问题,我不赞成一跨进大学校门就恋爱。因为这个时间点正是进行自我调适,接手新的学业重担,遇见成百上千新同学新朋友的时候,这时候恋爱大概率会影响自己对大学生活的适应,可能会让我们的交际面变小。大学生每年的变化会很大,大二的学生相比大一的学生要成熟很多。所以我建议,大一尽量不要去恋爱。此外,恋爱应建立在相互爱慕以及志同道合的基础上。

此外还要注意以下两点:一是恋爱不要从众。二是将恋爱的目标指向婚姻是对的,但是要有恋爱随时终止的心理准备,一方或双方提出分手,这是很正常的,要接受现实,及时调整自己。不要夸大负面影响,"不再相信爱情",也不要看不得曾经的恋人跟别人谈恋爱。事实上,恋爱也需要尝试,人们需要在恋爱的过程中更好了解自己:什么样的人才是自己要牵手一生的,什么样的情感生活才是自己追求的。

你离自己的"宝藏"究竟还有多远

　　每个人身上都蕴藏着巨大的、不可估量的潜力,这就是你身体内的"宝藏"。但是,你与"宝藏"之间的距离或远或近,近的时候你能清晰地感受到它;而更多的时候它则是无比遥远,你选择了视而不见,它就会如同从来没有造访过你的身体,你选择了永远地将它遗忘,它就会沉睡直至你走完生命的历程。

　　这就是你的"宝藏"的两种截然不同的境遇,也是你人生的两种不同方向、两种不同格局。为了找到打开"宝藏"的钥匙,你需要经常静下来思考:你是谁,你在做什么,做对了没有,还有哪些没去做,你足够努力了没有,距离努力到无能为力,你究竟还有多远?

　　在这个网络时代,我们所处的世界瞬息万变,各种信息应接不暇,如果我们任凭自己飘浮,就会偏离本来的方向,就会忘记了初心和梦想,最终让碎片化的信息、网络游戏、美食享受、虚荣与诱惑把我们奋斗的意志击垮,最终荒废学业,怠慢事业,一事无成,拖累家人,而我们的"宝藏"将永远沉睡。

　　我们只要在世俗与诱惑、干扰和嘈杂中集中注意力,瞄准自己的主攻方向,点燃自己的内动力,就开启了人生的新航向。一分耕耘一分收获,越努力越兴奋,越努力越幸运,越努力越幸福。当努力成为一种身体的应激反应,那么就成为你的一种态度、一种生活方式、一种无形的力量。

　　这种力量就是潜能,就是"宝藏"能量逐渐得到释放的样子。人的生命是有限的,人的力量却是无限的。历史长河中有很多伟人,他们的伟大智慧散发着永恒的光辉,指引人类社会前行,造福子子孙孙。

　　"宝藏"本无声无息,与生俱来,因你而生,因你精彩,也会因你暗淡,关键在于你此生选择了如何去施展与释放!

大学生校园里的"助学攻坚"

考上大学往往成为学生起初最重要、最明晰的目标。当目标实现，大学生上紧了的发条又一下子松懈下来，如果没有及时树立新目标、调整学习方法，面对全新的课程和飞快的学习节奏，就有可能产生逃避心理、畏难情绪，慢慢失去信心，迷失自我。

我常常想，每个在学业有困难的学生，他不是孤单的一个人，他背后有父母，有兄弟姐妹，有亲戚朋友，更背负着一个家庭的全部希望与期待。家是最小国，国是千万家，不丢下任何一个学生，是高校教师对学生及其家庭应尽的责任及使命。

当然，助学帮扶需要克服"四难"。一是如何转变学生的思想，激发学生内动力，从被人追着学转变为自己主动学；二是如何短时间内改变学生的不良生活习惯；三是如何在保证通过本学期课程的情况下，把前面落下的功课补上；四是部分学生家庭背景比较特殊，难以形成家校合力，仅靠学院单方面努力成效甚微。

我借鉴国家脱贫攻坚的工作理念，开展大学生助学攻坚专项行动。以引领和服务青年为出发点，充分发挥学生骨干的力量，鼓励学生党员和骨干主动与受助学生缔结成"命运共同体"，在服务他人的实践中体悟"一人行，可以走快；两人行，方能致远"的人生哲理以及"不能让任何一个人掉队"的团队协作理念。重点解决学业困难学生在学习过程中出现的"动力不足""努力不够""沉不下心"等问题，多层次、分年级、分阶段助推学生快速进入学习状态，养成良好的学习习惯，促进优良学风形成。

2019年9月，我牵头组织召开"大学生助学攻坚服务行动"启动仪式，正式拉开了助学攻坚的序幕。这些年来，班主任、辅导员以及学生骨干齐心协力，目标一致，积极发力。班主任老师实时关注学业困难学生的学习和生活状况，了解学生的精神面貌、作业完成情况以及生活作息等,做到心中有数,时刻关注学业困难学生的心理状态,只要发现情绪不稳定或其他心理问题就找学生约谈,帮助学业困难学生摆脱心理负担、释放精神压力。各年级辅导员对各自分管年级进行全面的促进和把控。班级助学队伍以团支书和学习委员为龙头,随时关注学业困难学生的个人行为,督促他们学习。

数年的风雨兼程,数年的坚持不懈,助学攻坚之树终于开出了灿烂的花朵,取得了良好成效。

首先,精准对接,确保一个不落。准确掌握学业困难学生的基本情况,以及导致学业困难的原因并精准施策,制订私人帮扶计划。

其次,保证帮扶细致到位。助学人参与每一次助学攻坚推进会、学风建设会、家校会商,对帮扶对象进行有针对性的指导。

第三,通过对学业困难学生开展定点滴灌、靶向治疗,激活了他们奋斗的动力,真正实现了"三个转变"。学习态度由"太难了""学不会""学不进"转变为"并不难""我可以""我优秀";学习角色由"我被他人帮扶"转变为"我要帮扶他人";学习成绩由"争取及格"转变为"力争优秀"。学业好的同学更好了,因为他把自己当成了真正的"火车头",找到了力量源泉。学业困难的学生没有那么困难了,前有牵引力,后有推动力,慢慢找到了学习的方法、节奏和乐趣。班级和学院的氛围更好了,互帮互助蔚然成风。孩子有人关心督促,家长不焦虑了。

第四,全局推进。我带领全体辅导员和帮扶人,深入各个班级的学风建设专题班会暨助学攻坚专项行动推进会,从思想源头激发学生的学习积极性,在全院形成了浓厚的学习氛围。帮扶人树榜样、立标杆、以己带人、学中促学。学业困难学生学习态度都有所转变,他们目标坚定、行动有力、充满信心,而且也充满感恩。

受助学生代表1:"通过助学帮扶,我认识到了自己之前的不足之处,从内心认为学习是学生的首要任务,在与助学帮扶者交流的过程中,我拓宽了视野,坚定了信念,我要做一个对社会有用的人,对行业发展做出突出贡献的新时代大学生!"

受助学生代表2:"左老师,感谢您为我创造的助学攻坚平台以及争取的其他宝贵机会,我一定会好好珍惜。回想三年前第一次和您谈话,那时候的我陷入了对人生、对前途深深的绝望之中,是您让我的人生观、价值观发生了彻底的改变,特别是让我看到了人应该孝顺这一点,我认为这就是再造之恩。实话来说,可能是因为性格内敛的缘故,我是一个不太愿意接受帮助的人,就比如那次向您借钱,我已经有大约一星期没有吃饭了,自己也不好意思说。很多时候我都在想,是不是向老师索取太多了而无以为报。确切地说,作为一个新时代青年,我仍然算不上优秀,还有许多地方需要学习,还有一些问题需要改正。我坚信,只要能够下得了决心,我能够成为一个更好的人。"

受助学生代表3:"学院的助学攻坚行动对我的帮助极大,平日我学习成绩垫底,课程是一点不会,帮扶我的余同学对我照顾有加,帮我圈重点,带我学习,对我的帮助很大。非常感谢母校和学院对我的帮助,没有因为我是差生,就放弃我。因此想设立奖学金,助力在助学攻坚行动中进步较大的学弟学妹。

这时设立奖学金,一是在我毕业前,感恩母校。二是庆祝母校120岁生日。三是感谢学院师生对我的帮助。四是回馈社会,回馈教育。五是为我的人生新征程注入新的动力。"

助学学生代表:"非常感谢学校组织开展了助学攻坚的行动,不仅改变了我的固有思想,让我获得了学习和生活上的进步,也让我从一开始独自学习、埋头苦干变为后来愿意请教别人、帮助别人,愿意和大家一起学习、共同成长。更重要的是,在一次次的问答中,我和我的受助人慢慢积累了深厚的友谊,从互不相识的陌生人变成了无话不说的知心人。

'助学攻坚'行动,不仅为我们提供了一个好的学习平台,也让我们感受到学院一直在关注后进的同学、关心学习和生活上有困难的学生,学院的各位老师一直在想尽办法努力帮助我们变得更好,让我们进步得更快。不仅如此,'助学攻坚'这个行动也给我们营造了非常浓厚的学习氛围、培养了我们乐于助人的良好品格,使帮扶人和帮扶对象在学习和生活中都有明显的进步。"

受助家长代表:"感谢学院,感谢帮扶同学。现在他每天都在慢慢地变好,比之前胖了,更有精神了,更愿意跟我讲心里话了,……我看到了希望,感谢你们挽救了我们一个家庭!"

研究生助学代表:"参与助学攻坚以来,看到被帮扶同学每天的变化,我很开心。能参与到这场'助学攻坚战',我深感荣幸和自豪,更坚定了'不让一个人掉队'的信念,希望大家的共同努力,能让助学攻坚取得更好的效果。"

助学攻坚的号角已经吹响,也收获了阶段性的成果,抱着打赢持久战的信念,不断探索打造"命运共同体",提升思政育人实效,我们会将工作做得更细、更深、更实,助学攻坚一直在路上……

面对"后真相"，我们该做什么

当前的网络时代频频发生"后真相"事件。我们有必要认识"后真相"的含义、特点、成因和影响，以便持有正确的立场和正向的态度。

"后真相"是网络流行语，2016年曾被牛津英语词典挑选为年度词汇。牛津字典将"后真相"解释为"诉诸情感及个人信念，较客观事实更能影响民意"。

"后真相"一词的提出源自西方，它的兴起与两件国际事件密切相关，即美国总统大选和英国脱欧，两个事件给人们带来相同感受，真相姗姗来迟，但"生米已经煮成熟饭"。

在"后真相"背景下，真相依然存在，只是少数人缺乏了严谨的态度，缺乏了那份寻求与等待真相的耐心，选择相信最先看到的、最先听到的、最先判断到的信息和观点，而并不去关心真相究竟是什么。

其中，也不排除少数人为了博取关注和支持率，罔顾事实，迎合受众的情绪与心理，或者为了打击、抹黑对手，引导受众情绪。于是，流言蜚语在网络上广泛地传播，俨然一副真相的样子。

信息技术的迅速发展推动了传播的大众化，社交媒体成了"后真相"的发源地。"后真相"有以下特点。意见重于事实，立场决定是非。人们把情感和感觉放在首位，证据和官方报道变成次要的。事实、真相是什么不再重要，人们对事件所产生的情绪的关注超过了事实本身。

"后真相"的危害不容小觑。在"后真相"背景下权威机构的公信力减弱，有相同观点的人团聚在一起，而围绕问题展开的真正的讨论却难以进行。

当前社交媒体传播的信息呈现碎片化的特点，轶事绯闻、流言蜚语、反转新闻易于得到广泛传播，具有话语权的意见领袖往往主导着舆论的走向，而当真相来临时，假消息可能已将网络狂轰乱炸了几番。要付出艰辛的努力才能将真相还原。事实上，"后真相"事件一旦发生，给各方都会带来无法消除的影响或伤害。

相信以上分析可以帮助大家对"后真相"有了较为清醒的认识。那么，"后真相"背景下，我们应该怎么做？

首先，要保持头脑清醒，保持严谨和理性。我们应该寻求多方的信息，而不是满足于只接受一方提供的消息，不轻易相信道听途说，对不确定的消息保持怀疑的态度，并且做到不传播。跟帖即是参与，转发即成态度。

其次，要增强辨别能力。要保持科学的态度，对真相保留一份敬畏。对于一些没有被证实的信息，需要参考大量的材料，进行剥茧抽丝般的深度思考和理性分析。

再次，提升新媒体素养。新媒体素养是一个人认识、评判、运用传媒的态度与能力，是人们面对各种信息时的选择能力、理解能力、质疑能力、评估能力、创造能力、制造能力、思辨性反应能力等。

在当下的全民新媒体时代，信息鱼龙混杂，我们亟需提升自己的思辨力，以批判性的态度去解读互联网及媒体信息，并做出正确的判断，表达正确的态度，给真相以耐心与支持。

别让"内卷"成"躺平"理由

　　"内卷""躺平",是近几年青年人挂在嘴边的网络热词。"内卷"的英文表达为 involution,与之对应的是 evolution,即演化。内卷就是"向内演化,或绕成圈",特指无实质意义的竞争和内部消耗。

　　"躺平"是一种身体姿势,也是一种生活态度。"躺平"指的是顺从现状,得过且过,不做抗争,不寻求突破,缺乏克服困难的勇气和追求成功的斗志,用英语表达为"lie down"。

　　当"内卷"和"躺平"搭配起来使用时,就很容易形成"伪逻辑",误使"内卷"成为"躺平"的理由。尤其是当人们将所有的竞争压力和困境都认定为"内卷"时,"内卷"便出现了严重的泛化。

　　不管是否存在内动力不足,定位不准,方法不当,精力投入不够等问题,而是习惯性地将对竞争的恐惧、畏难情绪统统归结为"内卷",许多负面情绪,诸如懦弱、懒惰、懈怠,似乎都成为"内卷"惹的祸。

　　真正的问题还未得到梳理和解决,后果可想而知。"躺平"是人精神的矮化,在还没有努力到"无能为力"之时,便选择主动"缴械投降"。"躺平"是青年之忧、时代之痛、社会的重大损失。

　　当然,在部分行业和领域"内卷"是客观存在的。当社会整体创新乏力,"内卷"也就不可避免地发生了。低水平的模仿和复制,极大消耗了年轻人的智慧和青春,白白浪费了资源,降低了效率,削弱了国家的竞争力。

　　人们口中的"内卷"有真卷,也有假卷,但更多的时候则是一种说辞。在对带有竞争性的事情说不清真相、表明不清态度时,以"内卷"一词以避之,成了部分青年大学生的"惯性选择"。

　　在这种社会氛围之下,首先应努力避免被所谓的"内卷"裹挟,从而徒增了消极、悲观的情绪。也不能让人云亦云的"内卷"外衣,迷糊了本该有的对事物的探索、对真相的追寻、对未来的把握。

因而,建议大学生对别人口中的"内卷",保持一定的判断辨别力,保持一份清醒。我们可以远离"内卷",拒绝"躺平",甩开膀子加油干,努力达成目标。

要相信,当你自己足够努力时,即使不能如愿,也不会留有遗憾。同时,别处一定还会为努力的你留一扇窗,洒满阳光。

像呼吸一样思考

孔子云："学而不思则罔。"希腊哲学家柏拉图说："思维是灵魂的自我谈话。"思考是一座桥，帮助人们与未知世界、未知领域产生联系，并由此开启改造世界、改造生活、启迪心智的新尝试。学会思考，养成思考的习惯，不仅能提高做事的效率，而且决定了事业的高度。事实上，思考最能节省我们的时间。疏于思考，就可能缺少规划与安排，毫无准备地被任务包围。相比主动思考、主动谋划而言，处处被动的成效是要打折扣的。

培养思考的习惯很重要。思维决定行动，三思而后行。很多时候，不用急着去行动，先想清楚为什么要行动，如何行动，有没有更好的行动方案，预期效果是什么，达不到预期又该怎么办。不妨先留一点点时间给自己，梳理两三个方案，对比之后再择优行动。

学会从不同角度思考。"横看成岭侧成峰，远近高低各不同"。对于同样一个问题，我的解决方案与别人有何不同，他是怎么想的，他的方案有什么可取之处。如果我们真的去思考与比较，就会发现视野一下子变得很开阔。

善于独立思考、寻求突破。思考是一个强大的武器，是刀刃向内、刮骨疗毒，是自我革新，让我们发现了自己的优点和缺点，增添了寻求突破的勇气与智慧。于是可以每天进步一点点，"化茧成蝶"，不断突破。时常思考，经常规划，让自己的每一步与后面的两步三步之间形成联系，当别人看到了今后五年的发展规划，你却看到了今后二十年的努力方向。原来，思考真的可以帮助我们看得更高望得更远。

思考也需借助手中的笔。时常思考，定会有灵感和火花闪现，每当这时心中既窃喜又兴奋，但是等睡了一晚醒来，就会发现，灵感和火花已经被遗忘。我们不仅可以用笔和本子写下自己的所思所得，也可以用手机的便签功能捕捉那个瞬间。

　　抓住一天中最重要的时间去思考。早上醒来或者准备开始学习、工作时，花几分钟的时间考虑一天的安排，用笔罗列下来。到了中午，可以小结一下哪些完成了，哪些必须下午去做。到了晚上收尾时，我们可以在早上的清单上划去已经完成的，捕捉差点遗忘的，圈起那些重点要在第二天攻克的。这样的思考伴随着每天的规划，推动着具体的执行，就会让整个人目标清、方向明、效率高，既踏实稳重，又充满节奏与力量。

　　思考愈是深沉和持久，所唤起的灵感和力量就会愈充满我们的体内，与深呼吸一样给我们更强的大脑与身体。

给自己的情绪"体检"

　　每天对自己的情绪进行"体检"这一话题，可能会让你感觉新鲜好奇，我们的身体也就每年体检一次，情绪用得着每天"体检"吗？我觉得非常必要。

　　如同呼吸一样，情绪时刻伴随着我们。情绪也是一张名片，与我们相处的人，除了看到我们的体貌、听到我们的言语、辨析我们的思想外，感受的最多的就是情绪。认识一个人，其实很大程度是认识他的情绪，对人的印象也很可能是对性格和情绪的印象。

　　为什么情绪要"体检"？人与人之间有许多关于情绪的体验，而不愉快的情绪体验，常常让我们产生怀疑、幻想、猜测，甚至让我们心情低落、懈气、愤怒、痛苦或悲伤。

　　在家庭或者集体中，如果和我们共同生活的人情绪不大对劲，跟我们说话带着怒气或是怨气，或者掺杂着不满与责怪，我们的情绪很可能一下子就被影响，这时候可能会想："我做错什么了？什么时候让他不开心了？"或"什么情况啊？凭什么这样对待我啊？"或者"他又来了"……可见，坏情绪就是糟糕的导火索，是应该远离的"潘多拉魔盒"。

　　情绪"体检"就是感知情绪，发现其中问题的过程。明显的大喜、大怒、大悲是很容易感知的。情绪的"体检"难就难在，有些人明明存在消极情绪，而且身边人已经感受到了，他自己却全然不知，即使有人给他指出来，他可能还会爱理不理，甚至认为你是在"鸡蛋里挑骨头"。这样的人在生活当中并不少见，他不会考虑他人的感受。

　　感知情绪，排查问题，可以从这几个方面去做。首先，养成每天早上照镜子的习惯。特别留意一下自己的表情，尝试着冲着自己笑笑，寓意"美好的一天从早上开始，从微笑出发"，这既是对自己的鼓劲，也是一种积极暗示。虽然这只是一个小细节,但是日积月累足以增强自己对情绪的感知能力。

其次,最亲近的人之间要相互提醒,既要善意提醒对方也应诚恳接受对方的建议。最亲近的人其实是自己身边最真实最立体的镜子,他们能及时地对自己的情绪进行"检测",并进行善意的提醒。

第三,最重要的还在于关注自己的情绪,进行自我筛查。

首先,领悟积极情绪与人生幸福的"孪生关系"。把创造、保持和传递积极的情绪作为一种人生追求和人生态度。美国北卡罗来纳大学教授芭芭拉·弗雷德里克森因著作《积极情绪的力量》获得坦普尔顿奖。芭芭拉·弗雷德里克森在书中强调,我们是欣欣向荣,还是衰败凋零,这完全取决于我们内心的情绪。要想实现美好的人生,我们要努力通过一些方法,降低消极情绪,增加积极情绪。

其次,不断地自我教育。激发积极情绪,需要一种能量,这种能量让情绪转危为安,"逢凶化吉",这就是人们通常所说的"强大的内心"。达到这种境界,需要不断地自我教育,不断地沉思、反省、矫正、执行以及自我暗示、提醒、总结与突破。

自我宣泄、自我妥协、自己理顺自己的情绪,这些也必不可少。把一种心理不平衡平衡好,为一种心理矛盾选择妥协,把一种心理焦虑变成合理的及时决策,把一种看不顺眼看顺,将一种强求和执着放下并告诫自己尽力就好……这些就是最好的情绪治疗。

第三,积极感知和影响周围人的情绪。情绪具有显著的传递性。情绪离不开环境,离不开周围的人。我们不仅要管理好自己的情绪,还要做一个积极情绪的引领者。我们要学会催化更多积极的情绪,营造愉悦的学习、生活、工作氛围,那么我们将成为情绪的主人,成为家庭、宿舍、团队、班级,乃至朋友圈中的"温暖阳光""柔美月光"。

情绪是人格魅力、人生态度、生命力量,与积极情绪相伴,内心更强大,人生更幸福,世界更美好!

寒假正是一年规划时

　　对于大学生来说，寒暑假是专属福利，而当中寒假称得上是最有意义的了。大学生是"迁徙的候鸟"，当他们假期再次回归家庭，便享受了盛大的"礼遇"。先睡上几天大觉，为期末考试的熬夜复习"补充睡眠"，再走亲访友地忙几天，年前的休闲时光便所剩无几。

　　盼来除夕，接踵新年，正月里忙拜年。在辞旧迎新之际，大学生朋友们惬意地享受着温馨愉快的节日时光。有的同学帮着家人忙前忙后，或者趁着放假打打工，凑凑学费；有的同学却半步不离房间，片刻不离手机，一觉睡到第二天正午才起，貌似进入了"冬眠"的节奏。

　　一日之计在于晨，一年之计在于春。新年到来，春姑娘的脚步已经缓缓走近，小草芽正破土而出，柳树也正在酝酿着新的生机。

　　"忽如一夜春风来，千树万树梨花开"。我很喜欢这一句诗，尤其喜欢它的寓意，我们只要未雨绸缪，提早谋划，等到春风造访之时，便是满树梨花盛开之日。

　　这就好比人生旅途，先要有提前的规划、努力的拼搏，才能把握好的时机，抓住一次次关键的机会。

　　从古至今，人们对于规划均有较深刻的认识。古人云：人无远虑必有近忧。毫不夸张地说，一次深思熟虑，可能胜过百次草率行动。歌德说："决定一个人的一生，以及整个命运的，可能只是一瞬之间。"

　　人生规划是目标与实施路线的组合，还需要强大的价值体系作为引导。爱因斯坦说："对一个人来说，所期望的不是别的，而仅仅是他能全力以赴和献身于一种美好事业。"2022年1月30日，习近平总书记在2022年春节团拜会上说："世界上最大的幸福莫过于为人民幸福而奋斗！"由此可见，伟人的心胸、格局和规划一定是跨越国界、跨越时空的，一定是面向世界、面向未来的。

那么,如何进行高质量规划呢? 个人认为,高质量规划可以按照循序渐进的原则,分四个阶段进行,这四个阶段首尾相连,它们分别是:回顾总结、调研分析、制定规划、以及推进实施。

首先,回顾总结,强化自我认知,完成自我提升。规划是承上启下的,因此需要对过去做一次深刻回顾、反思和总结,客观分析自身优势和劣势,以及采用哪些办法,可以将劣势转优。

其次,调研分析,明晰所处的形势。着手自我规划前,不仅需要对自己进行正确的定位,而且也要对面临的任务、需要克服的困难做到了如指掌,明确自己在思想、学习和工作上需要有什么样的突破。建议围绕未来是考虑考研还是就业的主题,调研考研有哪些利弊,如果选择直接就业,要关注哪些行业和单位,这些行业和单位的现状如何以及对大学生有何要求。

再次,制订的规划既要有坚实的基础也要具有挑战性。在前期回顾总结及调研分析的基础上,制订出明确的规划。规划既要有难度,也不能太好高骛远,应具有可操作性。要制订具体目标及实施细节,并将其整理成书面文档,便于随时对照。

最后,提升执行力,确保规划落地落实。借助强大的执行力,使规划得以如期实现。拒绝拖延症,拒绝意志不坚定,发扬钉子精神,稳扎稳打。

一年的规划要认真对待,一生的规划更要用生命去珍爱。朋友们,让我们远离寒假"冬眠"模式,利用假期规划新的一年,塑造新的自己。趁青春年少规划好一生的旅程,捕捉一路的美丽风景。

愿君从容淡定去考研

考研之路布满荆棘、遍洒汗水，也充满阳光和芳香，即使此刻的考研学子不一定能感受到。

考研学子是我心中的英雄，选定了一个考研的目标，用一年或一年半的课余时间向"目标高地"发出"冲锋"。从选择学校及专业、购买复习材料、到渐入复习佳境，每一步都需要极大的勇气。同学们以埋头复习为"心安"和"幸福"，因浪费哪怕一点点时间而感到焦躁或产生"负罪感"。这些终将成为你们毕生的风景。你会怀念你复习考研时的教室和座位，以及窗户外的那棵梧桐从绿荫葱葱到枯叶飘零，终究，考研的风景是豪壮美丽和刻骨铭心的。

今天离踏进考场还有 4 天，你已经尽力拼搏到最后。亲爱的朋友，我希望你从容淡定地去考研。所有的考试，都会有奇妙的三个三分之一，超常发挥、正常发挥、失常发挥，这三种情况大概各占三分之一左右。我们需要根据自己的情况做一个考前适应，帮助自己在真正的考场上实现正常发挥甚至超常发挥。

首先，我们要及早详细了解考场规则，做一些物品上的准备。其次，给自己来一次模拟的机会。第三，找到适合自己的心理调节方法，确保短时间内让胸中乱跳的"小兔子"平静下来。

举重若轻，是面对压力要达到的境界。我推荐大家使用"先置自己于死地而后生"的心理调适方法，也叫"绝地反击"。我们不妨设想一下最坏的结果是什么，再看看如果最坏的情况发生，你能否面对。假设自己考研不成功，如果有一个保底选项，或者说能够接受这个结果，我还怕什么。也就是说，如果对于最坏的结果我们都能够从容面对，那我们还担心紧张什么。

最后，无论出现什么情况，只要可能就一定要把所有考试考完再离场。千万记住：我难，别人也难；我不会，别人可能也不会；感觉考得不好，可能出来的成绩并不糟糕。

做做深呼吸,放眼校园,冬日暖阳迎面轻抚,一草一木都在向你表达祝福,愿你铿锵而去,轻盈归来,成功上岸。

人情礼的移风易俗

新的一年开启了，家家户户张灯结彩，全中国人民都沉浸在喜庆的海洋中。每个家庭吃团圆饭，聊天唠嗑的时候，少不了一个话题，那就是，今年家里要办什么喜事：过生日的，考上大学的，搬新房子乔迁的，孩子结婚的……

今天，我就从移风易俗的角度，来聊聊请客办喜事这里面的事儿。人们都喜欢遇见喜事，遇见喜事怎么庆祝一下呢，组织聚会是大家最常用的办法，也最受人喜欢。办喜事的出发点是亲戚朋友聚聚聊聊，热闹一下，常常还能减压、消除疲劳。

请客聚会是多好的活动呀，但只要与收人情礼挂钩，就难免会出现一些尴尬的事情。其实呢，人情礼也是一些地方祖祖辈辈传承延续下来的习俗，虽然有弊端但也无可厚非。

人情礼的尴尬之处在什么地方呢？

首先，从邀客的人的角度分析。宴席摆好，客人纷纷到来，都要向办酒的主人递红包，接受别人的红包总有些不好意思，特别是看到经济条件不好、家里有特殊情况的客人给红包，心里还是会有些不安，但转念一想，礼尚往来吧，他家办事我再返回去。既然收了人情礼，酒席就要尽可能高档，省得给亲戚朋友议论，这样的心理无形中也助长了铺张浪费。

其次，从被邀请的客人的角度分析。一是，因为是要上礼的，亲戚朋友邀请了不出席怕被别人瞧不起。接受邀请必定多少也是一份负担。二是，礼轻了或者薄了，总是不好的。那要出多少礼呢，既要看自己的财力，也要看自己与请客主人的交情，看看以往办酒时主请方来自己家里出了多少礼，还要看其他被邀请的人出多少，关系特别亲密的，相互之间是要商量商量的。所以，办喜酒的人家需要准备一个备忘录，把客人来的人情礼记录下来，作为下次去礼的依据。三是,人情礼太大也不好。主动过快地抬高了"标准",容易带来一定压力。四是,对于家庭经济困难的,特别是身处农村没有工资收入或者收入微薄的人,每一件喜事是一份欢喜也是一种压力。

最尴尬的情况在于,有的家庭比较喜欢热闹,大概每一年都办酒;而有的家庭喜欢清静,也怕劳神,就五年八年的都不办喜事,在人情礼飞速上涨的年代,这就会造成不平衡的现象,亲戚朋友心里不高兴嘴上也不好说什么。

分析完了办喜事收人情礼的弊端,我来说说我的建议。

建议移风易俗,崇尚新理念、新风尚、新生活。谁喜事多,谁喜欢热闹,谁就请大家一起来分享快乐并带来祝福,沾沾喜气,拒收人情礼。这种移风易俗与党中央倡导崇尚节俭、反对铺张浪费也是同向而行的。同样,这种移风易俗,对树立淳朴民风、让生活更加真诚美好,也是有百益而无一害的!

如此一来,宴席的氛围岂不是更轻松愉快。移风易俗,从这个春节开始,从今年自己家办的喜宴开始!

疫情之下，在深刻反思中改造人生

　　2021年的夏天跟往年大不一样，新冠病毒突然袭击了我们美丽的扬州城。病毒所到之处，没有痕迹可寻，为了对病毒进行围追堵截，扬州不得不壮士断腕，封城封路，主动停摆，小区和校园都实行了最严格的全封闭式管理。全体扬州人民，同仇敌忾，团结一心，向疫情宣战。

　　作为大学辅导员，为了暑假留校学生的安全，为了让他们在疫情之下仍有安居乐学的校园环境，我们立刻投入到校园抗疫一线，也亲身经历了不少的艰辛和不易。除了部分工作人员被要求居家外，大部分领导和服务人员选择了入校居住，与留校大学生一起接受全封闭管理，为的是陪伴和服务好每一位留校的学生，守护校园的平安。

　　停摆的日子里，人们的时间在掌上、指尖、眼前流逝，大家聚焦在新闻、公告、通知、提醒、帖子、视频、群聊之中。

（一）居家不烦躁，做到不焦虑

　　妈妈年过七旬，她说不给政府添乱，积极配合政府的防疫政策，听说今天下午要进行第八轮核酸检测，中午都没有睡好，等着下楼排队，结果今天不测了，检测安排在明天早上。妈妈有高血压，她说："看到楼下穿防护服的人，心里抖抖的！"

　　我跟妈妈说，我们小区目前没有什么疫情，我们家里还是很安全的，你不用怕，做检测跟着我们，没有什么需要担心的……还好，管控还是很有效的，如果我们面临的是一场真正的战争，日子不知道要比这难多少呢。妈妈接过我的话，是呢，如果真有战争，老百姓要东躲西藏的，看得见日出不见得看到日落。交流过后,妈妈的心态稳了许多。

（二）拧成一股绳,共塑抗疫墙

多数人居家监测里,人与人之间得到了有效的物理分隔,可联络却比平常要紧密得多。全国各地的朋友、校友纷纷来电或发来信息关心我们扬州的疫情,关心我们全家的安危,"你们还好吧""需要口罩吗""多多保重"……平日里不联系的楼栋邻居,也自发组建了微信群,发起在线表格,共享信息。

在学校每天的流调中,同学总是第一时间反馈"老师,确诊病例去过的那个地方,我前两天也到过,请问要怎么处理",即使有惊无险,他们也能自觉按照疫情防控专家的要求居家观察。

校园里,那群可爱的孩子们会贴心地说:"老师这段时间辛苦了""老师太操心了""老师早点吃饭吧""早点休息吧"。当核酸检测工作需要志愿者时,"老师,我可以""老师,我去"。哪怕是平时看起来有点"调皮捣蛋"的孩子,在这特殊的时期,都能遵守学校的规定。孩子们的心思我懂,"关键的时候每个人应尽自己的全力""特殊时期不能再给老师添乱"。

（三）远离负能量,站好自己的岗

居家的日子里,线上的讨论和交流异常频繁,凡是与疫情相关的消息、段子都会得到网友的关注。也有一些人,成了"职业评论家",没日没夜地在群里活跃,发泄不满与牢骚。我们需要对疫情进行反思,但是当下我们最需要的是每个人站好自己的岗,做好自己的事。每天把大量时间用在刷屏,不仅会使眼睛、颈椎疲劳,可能还会让我们忽略了陪伴家人、陪伴孩子以及错过了捕捉生活中的美好情愫。

（四）深刻反思,规划人生

首先,疫情是一面"魔镜"。社会管理的难点和痛点、应急反应能力、疾病预防与治疗水平、人性弱点等,在"魔镜"面前,尽显本来的面貌。感染病毒的人要治疗,社会要加强治理,人们也要加强自我反思和完善。抗疫一线的人员,要反思如何可以把工作做得更好,以防漏堵洞。居家工作或者赋闲的人们需要反思得更多。假如我是疫情防控领导小组的领导或者专家,我能做得比现在好吗?假如我是街道或社区工作者,我能做得比现在好吗?假如我是从事核酸检测工作的医护,穿着防护服在三十至四十度的高温下,我能坚持下来吗?假如我是确诊病例或密接或次密接,我能够接受 14 天加 7 天的绝对隔离和居家观察吗?假如我不幸"中招",在医疗资源紧张的情况下,自己能够战胜病魔吗?……

我们在评论社会和他人时,一定要学会换位思考、自我反思,因为我们永远是社会的一员,也永远是被别人评论的对象。

其次,家庭可以利用这些时间进行长远的规划。家庭是国家的细胞、社会的缩影,疫情之下,每个家庭要考虑如何把家庭建设得更好。家庭主要成员应首先进行深入的思考分析,开展讨论,必要时进行批评与自我批评,对家庭或个人现有的不足之处进行分析,以形成共识、积极规划、有效推进。

再次,个人应抓住空档期规划人生。

一是修身养性。诸葛亮说:夫君子之行,静以修身,俭以养德,非淡泊无以明志,非宁静无以致远。疫情之下,适宜平静心境、净化心灵、修身养性,以不断的自我革新,应对日新月异的挑战和未知的风险。

二是着眼于人生的长远规划。毛泽东曾说:用百折不回的毅力,有计划地战胜所有的艰苦。有规划的人生,才是充实、有意义的。善于规划的前提是善于思考,倘若习惯了浑浑噩噩,随大流,那么人生规划就无从谈起。

辅导员的"一生"情缘

　　我喜欢苏芮演唱的《牵手》："因为路过你的路,因为苦过你的苦……所以快乐着你的快乐,幸福着你的幸福。"这些歌词用来描绘大学生辅导员的心境和过往,再恰当不过了。辅导员与学生相遇了,成了师生,也成就了一生师生情。

　　2020年12月25日那天,天已经黑了,在回家的路上,我收到一位外国语学院法语系毕业生的消息,她说:"左老师好,愿您一生平安喜乐!我每次填写各种表格,一想起您就是我的入党介绍人,我就感到很光荣。一转眼毕业也有十年了,还没有什么大建树,感觉有些愧对母校的教导。也没有回去看您,心里有些惭愧内疚。"看到此处,我既感动又心疼也不安,安慰她:"老师对你就像一个母亲对孩子,更关注你的健康和快乐,在平凡的岗位上做出自己最大的努力就好。听到你的消息就是一种幸福。"她释然道:"听到老师这样亲切慈爱的声音,仿佛又回到了大学时代,感动得想哭。好想见您!这么多年过去了,您还是像当年一样呵护我们,一直在默默关心我们……"

　　自1998年毕业留校担任辅导员,这二十多年来我先后在几个学院工作过,从小灵通到诺基亚再到智能手机,手机换过多少波了,但是我的手机号还是从前的那个,如同一只候鸟在"守候",孩子们想联系的时候,就能找到我。虽然我接触过的大学生很多,因为记性不给力或者平时太忙碌,平时很少主动联系毕业生。偶尔也会遇到,毕业生很兴奋找到我,如数家珍地回忆起我曾经说过的话、做过的事,以及给他们带来的积极影响,让我感觉甜蜜又幸福。

　　辅导员是再平凡不过的职业,但坚持做一名被学生认可的辅导员,也不是一件容易的事情。辅导员不仅需要较高的思想政治素质、理论水平及沟通技能,而且也需要具有坚韧、乐观、强大的内心,同时还需要具有较高的情商和共情能力。学校的各项工作只要是与学生相关,就会与辅导员相关,这注定了辅导员是一个比较辛苦的职业，能持续耕耘在辅导员战线的老师都是特别能吃苦，特别能战斗的人。

学生遇到了困难，辅导员总是第一时间给予帮助；对学生的信息和未接来电，一定是给予最快的回复；学生的一个痛苦的表情、表现，辅导员就会有所洞察，主动给予温暖和关心；辅导员尤其关注"三困"学生，将党和国家的温暖传递给他们；面对学生的错误辅导员耐心教育引导，真情感化，践行"每位学生都是可以教育好的"的教育理念，不轻言放弃，学生的进步和成长是我们最大的期待和安慰。

辅导员也有脾气和情绪，但是在学生面前总呈现积极的姿态，春风化雨，传递正能量。在学生面前，我们不会忘记重申，"辅导员也是为大家服务的，有困难和建议请及时告诉我们，我们一定会尽力解决，希望我们可以成为朋友"。

辅导员们需要协调好工作、家庭、子女教育、职业发展等之间的关系，这就注定了我们也是跟时间"赛跑"的人，我们既要埋头拉车，也要抬头看天，苦干加巧干，总感觉时间不够用，总有工作没有做完。于是，每天晚上我们要梳理今天还有哪些工作没有完成，明天可以怎样去安排。

新时代的大学辅导员要深刻理解辅导员工作的意义。辅导员的政治站位、大爱情怀、思想态度、性格情绪、学识技能等，会对大学生群体产生显著影响，直接关系到人才强国战略的实施，直接关系到中国特色社会主义事业的推进，关系到中华民族的伟大复兴。祖国是怎样的，我们就是怎样的，学生就是怎样的；我们是怎样的，学生就是怎样的，未来的祖国就是怎样的。

"三部价值交响曲"合奏辅导员的无悔人生

辅导员这个岗位常常与"辛苦"相连,不仅责任大,而且工作强度大。用随时准备出发、夜以继日来形容辅导员的工作并不为过。

但是,辅导员工作的"显示度"通常并不高,除了对学生进行思想引领外,大多数是基础和日常工作,如开展组织协调和服务工作,为学生排忧解难,当幕后"勤务兵"。大量的工作投入未必能很快显示成效,有的成效发生在学生个体的"心灵深处",有的成效甚至在几十年之后才能显现。在我看来,以下三部曲可以帮我们充满幸福感。

(一) 足够的家国情怀与担当,让辅导员体验自身的时代追求与价值

具有家国情怀与时代担当,是对高校辅导员的基本要求,是高校辅导员应有的精神本色。将立德树人的根本任务和家国情怀内化为自我要求和自觉行动,听党话跟党走,紧跟时代步伐,才能具有强大的精神力量,来引领大学生。

习近平总书记在纪念五四运动 100 周年大会上指出:新时代中国青年处在中华民族发展的最好时期,既面临着难得的建功立业的人生际遇,也面临着"天将降大任于斯人"的时代使命。新时代大学生应以实现中华民族伟大复兴为己任,不辜负党的期望、人民期待、民族重托,不辜负伟大的新时代。

党中央的期待越高,高校辅导员的使命就越重。作为大学生的人生导师和引路人,辅导员要具备比较强的引领力、示范力和纠错能力,全力带领学生扛起时代重任,把立德树人的根本任务落实好。

（二）真诚有效地引领与服务，让辅导员获得学生认可与尊敬

辅导员既是教育管理者，又是大学生的知心朋友。学生干部的选拔、学生党员的发展、奖助学金的评定等一系列涉及学生切身利益的重要工作，都是由辅导员具体组织实施的。因此，辅导员工作既烦琐也极其重要，只有真诚有效地开展引领和服务，才能得到学生的认可与尊敬。

首先，辅导员要严格自我要求，全方位认识本职工作的意义。否则，我们的教育引领就失去了说服力。

其次，辅导员要做大学生的知心朋友，严慈相济。成为知心朋友，才能消除隔阂，走进大学生的内心，更好地了解他们，形成教学相长的良性互动。严慈相济是指面对学生身上的缺点和问题时，要及时认真指出并帮助其改正，把思想政治工作做通做实，同时给予学生多一点信任、鼓励和锻炼的机会。尤其是对"三困"学生，要给予更多的耐心、帮扶和鼓励。严或慈，都是为了把学生培养得更好。

第三，辅导员要努力做到有问必答，有求必应。大学数年里，往往一个学生可能只会找我们辅导员一次，仅仅这一次，就决定了辅导员在他心目中的形象；这一次或许就是一个风险点。辅导员要用实际行动鼓励学生提问和求助，只有跟学生打交道的机会多了，才能拓展我们的引力场和服务面。

第四，辅导员要善于换位思考。换位思考是开展思想政治教育工作的"灵丹妙药"，也是人际沟通的"钥匙"。辅导员应将换位思考的思维，积极内化为待人接物的良好习惯。

第五，辅导员要引导学生感恩。知恩图报，善莫大焉。投之以桃，报之以李。感恩不仅是中华民族的传统美德，也是重要的人格素养。培养大学生的感恩意识，要从辅导员工作的细节做起，更需要从辅导员自身做起。

（三）把握学生成长及工作的规律与节奏，让辅导员在团队协作中找准定位

首先，辅导员工作有很强的规律性。第一年当下来可以做到心中有数，在第二年的工作中，就要有意识地思考、总结和提升，学着去找规律、找节奏。久而久

之，我们的身体、意识和状态会跟随这个规律和节奏去自动调整。

其次，辅导员团队需要默契配合协作。面对快节奏、高强度的工作特点，团队无疑是辅导员的精神港湾。在这里，男女搭配，老少组合，性格互补，各有所长，共同进步，只要团队真正融合起来，就形成了战斗堡垒。

很多时候，辅导员的幸福感，来自学生的一个会心笑容，来自毕业多年的学生的突然牵挂，来自领导、同事和团队成员的加油鼓劲，来自家人和孩子的理解与支持。

我觉得，大学辅导员就是一群可以创造无尽幸福的园丁，他们将幸福传递给学生、家人和社会，而创造幸福的人必将是幸福首先造访的人，因为幸福的源泉就存在于每个人的内心。

第四篇

人际交往：“社交恐惧”与有效沟通

在积极构建人类命运共同体的新时代，作为“地球村”的村民，人际交往能力是大学生重要的能力之一。然而，部分大学生却存在一定的人际障碍，人际交往意愿不强，有效沟通能力不佳。

如何建立格局互通、情感互应的良好人际关系，是每个大学生的必修课。倡导青年学生克服“社交恐惧”，积极开展人际沟通，尤其是增加自己对于异性的了解，为走进婚姻、家庭做好准备，为美满的人生铺就前行道路。

学会与父母有效沟通相处

孩子是父母爱情的结晶，饱尝了父母的呵护和宠爱。

在学生时代，父母为我们的学习、生活操心劳力。当我们早上还在床上躺着的时候，就帮我们穿好袜子，准备好刷牙用具，为的是让我们多睡两分钟。天下的孩子不尽相同，天下的父母的爱都是一样得无私。

而现在，我们上大学了，犹如风筝飞向了天空。大部分孩子能够与父母保持愉快有效的沟通，但也有一些大学生的想法值得反思：告别了父母的"唠叨"，我终于可以独立了，我想打电话给爸妈，我就打，不愿意就不打，这要看我忙不忙。父母来电话了，我在忙着呢，先挂断吧，有空了再回过去。父母发信息来了，想回就回，不回也没有关系。

大家儿时就会吟唱的《游子吟》云："慈母手中线，游子身上衣。临行密密缝，意恐迟迟归。谁言寸草心，报得三春晖。"《劝孝歌》亦云："十月胎恩重，三生报答轻。"家是我们出生成长的地方，父母是给予我们生命、陪伴我们一路走来的最亲近最恩重的人。对父母而言，愉快的沟通能够让父母知道：即使不再每天见面，我仍然一直深爱着你们；我现在的学习、生活与人际交往，都很顺利，你们不必担心；我目前已经有了人生规划，明确了新的目标，每一步都铿锵有力；以前总要你们提醒的坏习惯，我正在纠正……

我们还可以给父母提点建议：爸爸少抽烟，少打麻将，多关心妈妈；妈妈少看手机，多运动；有空帮我多去看看爷爷奶奶、外公外婆……父母特别听不在身边的子女的嘱咐，这是亲情的神秘力量在发挥作用。我们虽然离开了家远去求学，但守护家、关爱父母、让家庭更和谐仍是子女义不容辞的责任和担当。

对于我们而言，父母是我们人生中的第一位导师，是最了解我们优缺点的人，听听父母作为过来人"语重心长"的建议，让父母继续为我们点一盏明灯，这是多么美好的一件事情。

我们可不可以，主动拿起电话与父母分享自己的想法，听听他们的建议。即使他们的建议不是那么合理，也不要立即反驳，或表现出厌烦。这是任性、不成熟、不理智的表现。

我们可不可以，在睡觉之前花 5 分钟时间想一下，"此刻爸爸妈妈在做什么？睡了吗？最近他们工作忙吗？"，然后，发一个信息问候或者关心一下。

我们可不可以，写一封亲笔信寄给父母。以这种特有的方式，让父母收获感动、幸福，让她们有机会重新认识成长中的我们。

我们可不可以，不去攀比父母的长相、工作岗位、经济条件，对我们来说父母是唯一。我们能做的是，去感恩他们，努力让他们开心幸福。

我们可不可以，不要因为父亲或母亲早逝或重病缠身，而失去了前进的勇气和希望。父母给予了我们生命，竭尽一生，让我们的人生熠熠生辉。我们最大的回报就是将他们的期望作为鞭策和动力，在实现我们自身价值的同时，代他们实现未尽的夙愿。

我相信每位同学在此刻都能找到自己的答案。

如果父母们看到此文，希望你们能更懂孩子。要用发展的眼光看待孩子，与孩子一起成长提升，相互学习，相互借鉴，达到"教学相长"的良好效果，只有这样才能与孩子建立起朋友般的亲子关系，正所谓"父母德高，子女良教"。

妈妈，您好

冬去春来有一部电影掀起温情涟漪，《你好，李焕英！》迅速成为全社会关注热议的主题之一。

贾玲是好样的，把已经去世的妈妈"搬上"荧屏，用喜剧的手法表现了自己作为女儿是如何让妈妈不省心，又是怎样在时光的倒流中以一系列善良真挚的行动试图改变妈妈的人生轨迹。贾玲的天真可爱和真挚温情，以及妈妈的饰演者张小斐的淡定慈祥、乐观务实，都极其深刻地感染了我。

影片中表现的对母爱的理解、对母爱的感恩和错过了就再无机会表达感恩的遗憾与自责，叩响了无数观众的心门。

在我看来，这部电影最大的成功之处就在于，真实地"再现"了女儿和妈妈的形象以及母女之间令人感动和心疼的特殊情感。事实上，这样的母女，仅仅是现实生活中亿万母女中普通的一对。所以，《你好，李焕英！》唤醒了作为子女的我们的反思：妈妈为我们做过什么，有没有被我们无情地辜负；从现在开始，我们应该以什么样的方式爱她、安慰她、温暖她、保护她；我们自己又应该怎样成为一个好妈妈，成为一个什么样的好妈妈？

高尔基说："世界上的一切光荣和骄傲，都来自母亲。"母爱是一个伟大的、原始的、深刻的、生活的主题。有人说，妈妈在，家就在；妈妈在的地方，就是家。贾玲用这部电影善意地提醒我们：最亲的人，往往是最容易被忽略、最容易被伤害的人；即便如此，他们还在竭尽所能地爱我们。罗曼罗兰说："母爱是一种巨大的火焰。因为，母爱是天性，是阻止不了的，是可以疯狂生长的爱；母爱是陪伴、是无私的付出、是无限快乐幸福的过程。"很多妈妈并没有期望子女如何去报答感恩，她们想得最多的就是，孩子能够健康快乐地长大，成为一个可以自立自强、对社会有用的人。

关于妈妈的主题是永恒的，她是"家国情怀"的出发点，家风家教的"核心"，也是人类繁衍、世代传承的载体，"推动摇篮的手也是推动世界的手"。我们要感恩母爱，传承母爱。要努力成为一个更好的妈妈，要强大自己的内心、增强自己的本领，与爸爸一起带领孩子奔向美好的未来。

向所有妈妈致敬！

父母的"唠叨"你怎么看

　　大学生几乎都会遇到父母的"唠叨",父母每次来电,总会嘘寒问暖,"吃好了,吃饱了,别穿少了,学习要花功夫,早点睡觉……"对家长的千叮咛万嘱咐,大学生可能听着听着就开始不耐烦了。

　　我曾遇到一个学生,他的妈妈非常不放心儿子,每天都会在晚餐前后通电话,而且说的几乎是重复同样的话,孝顺的儿子一开始每次都耐心地回复。直到有一天,这位大学生感觉承受不住了,通话完毕后,他感到非常压抑烦躁,然后发生了短暂的离校出走事件。这可把我们辅导员和班主任急坏了,家长也非常着急。第二天,好不容易找到了他,他向我们道出了原委:妈妈每天几乎同样的通话内容让他很痛苦和压抑,但又不敢拒接妈妈的电话,担心那样妈妈会误以为儿子不爱她了。后来,妈妈在我们的建议下,每周仅与儿子通一次话,亲子互动的质量高了许多。

　　这虽然是一个极端案例,但还是可以让我们从中得到很多启示。父母与孩子之间的联系,就是手里拽着的那根"风筝线"。它不仅传递着父爱母爱,指导我们学会生活,鞭策我们好好学习,也倾诉着父母心中的牵挂、不舍与忐忑。

　　"你入学的新书包,有人给你拿,你雨中的花折伞有人给你打,你爱吃的那三鲜馅儿,有人她给你包,你委屈的泪花,有人给你擦,啊,这个人就是娘,啊,这个人就是妈……"正如阎维文在《母亲》里所唱的一样,这就是浓浓的血缘之爱、父母及家庭之爱。我们应怀着感恩去细品,接受它并内化为力量,外化为行动。

　　如果你感觉已经不能承受其重,就好好地与父母沟通,诚恳地提出建议。既把自己的意图说清楚,也不伤害父母。

　　在与家长交流的过程中,经常听到家长无奈的感叹:哎!我们说的话就是听不进去,还嫌我们烦,只听老师的,还是请老师帮忙多教导吧!大学生虽已成年,但仍易产生逆反情绪,在抱怨父母"唠叨"的情况下,极易对父母表现出不耐烦,甚至可能在言语上伤害父母,这是要尽量避免的。

百善孝为先,建议大学生做到三点:一是努力适应和接受父母的关心。二是学会感恩和回报父母,用合适的方式让父母安心宽心。三是学会与父母沟通。

珍惜身边的"宝藏老人"

　　年轮,在前赴后继、新老交替中滚滚向前,从不停歇。儿时记忆中的那些大人们正在逐渐衰老甚至陨落。

　　这些老人们在战乱或饥饿中艰难地生存下来,他们创造了新中国的历史,培育了当今社会的骨干力量。他们是我们最可敬可爱的"宝藏老人"。他们养成了铁一般的习惯,拒绝浪费粮食,舍不得丢掉旧衣服,不习惯休息发呆,他们习惯拾掇拾掇屋子,打扫打扫屋前屋后,整理整理菜园子,把锅碗瓢盆洗洗干净。

　　我从这些老人的言传身教中获得很多精神滋养。他们那种忍辱负重、坚忍不拔、和善持家、睦邻友好的优良品质让我养成积极乐观的性格,他们那么难都走过来了,都能以那么好的心态对待人和事,都能那么感恩,放眼到如今,还有什么可以称其为难呢,还有什么样的坎跨不过去呢?

　　记得小时候,外婆家住一个交通要道的硚口,吃饭那会儿,有邻居亲戚来到家里,外婆总是放下筷子,起身张罗,就算自己吃不成了,也不让别人饿着。开始我还纳闷呢,后来我懂了,外婆太善良淳朴了,对谁都是真诚真心相待,懂了外婆之后,我更喜欢和敬佩她老人家了。

　　说到我妈妈,她身材矮小,她自己为此遗憾了一辈子。但在我心里,她却是伟岸的。妈妈上小学的时候,只能喝菜汤,在最寒冷的天穿一条单裤,上学的路上,走一路,吐一路,虽然学习成绩很优秀,但因缺吃的少穿的,没能坚持学下去。她回家学了手工织衣,一宿一宿地织,也织成了如皋远近闻名的巧手。咬着牙关,靠一针一线,养大哥哥和我。虽然读书不多,在邻里相处中,妈妈却显露大格局,不斤斤计较,不张家长李家短。

　　我深知,无论是外婆还是妈妈,也仅仅是老一辈"宝藏老人"的代表。人们常说,家有一老,如有一宝。"宝藏老人"是我们应该去学习的榜样,是最方便打开的"教科书",他们是宝藏,有取之不尽的为人之道、持家之理。

我们不能等这些财产变成遗产时再去惋惜。我们可以将手机放在一边,搬一张小板凳,把父母、爷爷奶奶围坐起来,听听他们的故事,听听他们的唠叨,听听他们的教诲和嘱咐。记下他们的故事,传承他们的教诲,就是对他们最好的尊重。

化解宿舍人际困扰的"解决方案"

舍友间的人际关系既是一个温馨的话题,也是令少数人"不堪回首"的记忆。

大多数宿舍人际关系和谐,舍友之间互帮互助,亲如兄弟姐妹,《睡在我上铺的兄弟》这部网络剧和歌曲的经久不衰,《同桌的你》《青春纪念册》《大学自习室》《恋恋同学情》、校园版的《成都》等旋律响起,就会触及内心最柔软的地带。舍友是一辈子的话题。

来自五湖四海、素昧平生的四个人,如同随机组建的"临时家庭",生活起居都在一起,难免有些不适应。大多数宿舍舍友之间能很快磨合适应,也有少数宿舍由于种种原因做不到,因而产生一些人际困扰。我试着以故事的形式对一般性的宿舍人际困扰进行梳理,并提出建议,以供参考。

(一) 早睡早起引发的困扰

小芳来自外省,宿舍其他三位舍友均来自江苏省内。一天,小芳来找我,想请我给她换宿舍。我详细了解了她们的情况,小芳习惯早睡,每天晚上十点半就要上床睡觉了,而其他同学习惯十一点半以后才入睡。

起初,大家关系还挺好的,但是时间长了,两种作息习惯之间相互干扰,让她们有了各自的苦楚。小芳说,自己早早睡着后,偶尔会被他们吵醒,自己早上起得早,其他舍友也有意见。时间长了,她们三个人跟她之间有了明显的隔阂,有时言语、表情里面暗藏着"火药味",这样的生活让她感觉很压抑。

我当即向她的舍友核实情况,并与班主任进行了沟通,于当天约全体舍友进行了面对面的沟通。

我对小芳说,早睡早起是非常好的习惯,值得称赞,但是在群居的宿舍,大家休息的中轴时间是晚上 11:30 左右,早上起床时间是 7:00 左右。一个人早起早睡,作息时间不同步,事实上对其他同学会产生干扰。

"比如,在你睡着后,舍友们就蹑手蹑脚地做事,万一不小心出了大声音就影响了你睡觉。而早上凌晨五点多,你就醒了,如果早早起床就惊扰了其他同学的美梦。"我分析道。

我当着全体舍友的面,给她们提了几条建议。一是,请小芳晚上尽量迟点睡觉,而其他舍友则尽量早点睡。二是,晚上小芳早睡后,舍友尽量保持安静,及早进入休息状态。三是,小芳早上睡醒后悄悄起床,不洗不漱,直接拎着书包离开宿舍。我建议她第一天晚上睡觉前,将洗漱物品、书籍及文具收拾整齐放进书包,用钥匙悄悄关门。早上悄悄离开宿舍后,在食堂等公共水池进行洗漱,既不打扰其他舍友休息,也可以及早地开启一天的学习。四是,舍友间加强沟通交流,相互关心与帮助,相互提醒与体谅,营造和和睦睦的学习、生活环境。

最后,四位舍友达成了相互谅解,握手言和。几个月后,我再次在校园遇到小芳,她说"现在舍友间关系融洽,感谢老师的好点子。"

(二) 晚睡晚起引发的困扰

小晨同学找到我,向我反映昨晚他们宿舍舍友间闹了一点不愉快,想请我帮他调宿舍。起因是舍友小彬作息不规律,常常在夜间十二点以后才睡觉,甚至偶尔凌晨两三点钟还在打游戏。小晨同学对睡眠环境的要求较高,不能有声响,所以一直受到小彬的严重干扰。

小晨和其他两位舍友,也经常提醒小彬,可能还没有能引起小彬足够的重视,所以睡觉一直比较迟。男孩子不好意思向老师"打小报告",这样的情况持续了一年多,小晨有些招架不住了。终于,小晨与小彬起了一点点小摩擦,在半夜三更吵架了。

我在了解情况之后,先与小彬进行了促膝谈心,让他体会到自己的不规律作息既打扰了舍友,又影响学习、伤害身体。不能拿舍友对他的宽容当儿戏,得寸进尺。

在跟小晨的谈话中,我也指明,宿舍有了不可调和的矛盾,自己尝试解决但无法解决时,要及早向老师反馈,这样一味地忍耐既是纵容,也会加深对所有人的伤害,有百害而无一利。

做通个别舍友的思想工作后,我约全体宿舍成员进行了一次团体面谈,他们最终得以冰释前嫌,重归于好。同时,我让小彬进行了深刻的检讨,并做了相关承诺和保证,在征求舍友意见的基础上对该宿舍的舍长进行了调整。

(三) 个人特殊作息习惯引发的困扰

小燕找我倾诉,宿舍的小璐每天晚上要凌晨一点左右才睡,甚至经常半夜起来喝茶、剪指甲,挪动小板凳发出响声,自己和其他两位舍友实在不能忍受了。

我找小璐进行了数次谈话,效果不明显。在一次宿舍调整中,我们给小璐换了一间宿舍。但是时间不长,新宿舍的三位舍友一起向我们反映,小璐晚上还是睡得很迟很迟,半夜也时常起床做事情,早上却起不来。

中午大家开始午休补个觉,刚睡着,小璐又回来摸这摸那发出声响。一开始,舍友们也想着忍忍就过去了,后来发现这种干扰甚至导致个别舍友出现脑神经衰弱、失眠等症状。

我立即组织该宿舍舍友、所属班级班主任、相关辅导员,召开了会议,让四位舍友分别发言,谈自己的体会、认识,请老师们分析自己对事态的判断并提出建议。

通过面对面推心置腹的交流,小璐同学意识到了自己对舍友的严重干扰,也保证每晚在 11:30 前洗漱完毕上床睡觉。中午大家午休时不回宿舍干扰。

为使问题能彻底地得到解决,我们建了一个微信群,相关舍友和老师进群,由宿舍长每天 11:30 在群里汇报宿舍就寝情况。执行得好,报告晚安;执行得不好,就说一下小璐同学在什么时间节点具体做了什么。我对宿舍长提出了高标准严要求,希望她切实履行宿舍长的责任。

我们的综合施策取得了很好的效果,从那次会商活动之后,小璐基本能在11:30 前入睡。有一次,她半夜起来过一次,把大家吵醒了,宿舍长实时在群里报告了情况,第二天我们对小璐进行了提醒,她就再没有出现过类似的情况。

小璐精力充沛,需要的睡眠时间比平常人少很多,特别在夜间她头脑清晰毫无困意。有几次,她在晚间 11:30 前洗漱完毕,带着学习用品去公寓里的长明灯自习教室学习去了。

特别令人庆幸的是,在我们组建的"301 宿舍群"里从 2022 年 1 月 4 日开始运行直至 2022 年 12 月考研前,宿舍长每天报告宿舍成员整体作息情况,"1 月 9

日晚 23:28，301 宿舍已熄灯就寝。老师们辛苦了，晚安!"既是报告情况，也是向老师问安，让所有人感受到这就是一个温暖的家。

在 2022 年的除夕之夜，我收到了一条感恩信息，是 301 宿舍长发来的:"左老师，晚上好。在过去的一年，麻烦了您许多，尤其是我们宿舍，在您的多次调解和帮助下，现在相处得非常好，小璐同学在平时会帮助我们做一些力所能及的事情，我们宿舍现在也形成了相互帮助、积极交流沟通的良好氛围……"

(四) 三对一的"冷战"引发的困扰

小静来到红梅引航工作室寻求帮助，她说宿舍里三个来自同一个城市的舍友，在跟她进行"冷战"，每当脚跨入宿舍时，空气是凝固的，气氛是压抑的，她感到异常痛苦，"她们是针对我的"，小静一边诉说一边哭泣，非常伤心，似乎到了崩溃的边缘。

那是一个周末的上午，阳光照进办公室，通过安慰、询问、开导，我逐渐理出了头绪。我缓缓地反问了几句话:有无可能是自己过度解读了舍友的心理活动?会不会是你自己的言行和心态造成了舍友对你的误会，时间长了，双方的隔阂越来越深?即使换了宿舍，大家还是一个班的，以后见面该如何相处?

小静离开我时，已经冷静了许多。我用一张纸写了"主动沟通""控制情绪""从自身找问题""积极向前"几个字送给她，便于她进行自我鼓励。

几天后，她给我来电话，告诉我，她主动约舍友沟通，虽然沟通效果没有想象的那么好，但是"冷战"的气氛基本消解，她庆幸自己跨出了重要的一步，目前她对宿舍关系再也不惧怕了。

我鼓励她，继续找机会加强沟通，这个过程也是社会化的过程，是必须要努力去做的事情，是绕不过去的一段路。

一年后，小静得知我因工作调动来到了更靠近她的地方，她特地约我见面，见面时，她抱了一束鲜花，看着充满青春气息的她，我幸福地与她拥抱在一起。

(五) 舍友打呼噜引发的困扰

在家庭生活中，妈妈可能会因为爸爸打呼噜而睡不着，妈妈会推醒爸爸，当爸爸醒来并意识到打呼噜已经影响他人入睡时，他会有意克制稍迟入睡，等妈妈睡着了,再找一个合适的姿势入睡。在宿舍生活中,可以与打呼噜的舍友约定好,等自己先睡着了他再入睡。

如果仍然解决不了问题,在呼噜环境中怎么也无法入睡,建议及时向辅导员反映,老师会有解决问题的建议及方案。

(六) 宿舍长"只挂牌不上岗"该怎么办

宿舍长是校园里的"七品芝麻官",常常被人忽略,其实宿舍长非常重要。宿舍是大学里最小的生活单元,宿舍长在其中承担着引领、协调的作用,如果宿舍长责任心淡薄,不善管理,当舍友间产生矛盾时,他可能会"协调失灵",发挥不了应有的作用,导致宿舍人际环境遭到重创。

事实上,缺乏担当意识"只挂牌不上岗"的宿舍长还真不少。呼吁老师重视宿舍长的人员选用,同时加强培训,明确工作职责,提要求压担子,将宿舍长纳入班级干部范围,加强管理和指导。

如果每个宿舍长都能各司其职,把所在宿舍管理好,那么院校的学生工作的基础就比较牢靠。此外,要建立宿舍长的选聘、上岗和退出机制,坚持能者上、庸者下,杜绝"只挂牌不上岗"的情况发生。

宿舍长的工作重在协调,营造良好的宿舍舍风、学风,维护和谐的人际氛围,努力打造家庭般的团结互助环境。宿舍环境育人,愿每位同学能在宿舍集体中汲取成长的力量和协作的智慧。

"小小"宿舍长也能发挥育人"大作用"

在大学校园里,宿舍长一般由个人自荐或宿舍成员推荐产生,有的宿舍长采取轮流值班制。大家可能不把宿舍长视作学生干部,但是在我看来,宿舍长这一岗位的重要性却非同一般,小小的宿舍长也能发挥育人大作用。

首先,宿舍长是宿舍成员的"带头人"。宿舍是最基层的育人阵地,学校立德树人根本任务的实现,要落实到宿舍层面。宿舍长是三人行或四人行的带头人,责任在肩,需要避免"三个和尚挑水没水喝"的尴尬,努力达到"一群大雁齐飞天"的境界。

其次,宿舍氛围好不好关键看宿舍长是否积极发挥管理作用。宿舍长要有一定的大局意识,处理好宿舍小"家"与班级大局、院校大局、家庭大局、社会大局之间的关系。俗话说,一屋不扫何以扫天下,一屋不能治理好,何以建设美好家庭,何以参与社会治理,又何以推进中国特色社会主义建设的进程,进而为实现中华民族的伟大复兴添砖加瓦。

再次,宿舍长应提升岗位意识,善于发现问题,积极协调舍友关系,敢于发出正向引导的声音,这是宿舍治理的关键。

面对小问题,宿舍长可以尝试独立自主地沟通解决,但如果遇到自己无力解决而又非常困扰大家的矛盾,宿舍长一定要及时向辅导员或班主任求助,以期及时解决。比如宿舍成员网络游戏成瘾,荒废学业;宿舍成员有不良习惯,晚上睡得很迟,常常影响舍友休息;宿舍成员言行不当,容易得罪或伤害别人,造成宿舍关系极度紧张等。现实情况是,许多宿舍成员面对矛盾和问题,选择"冷"处理,谁也不理谁,硬撑着朝前过日子,就是不告诉老师。他们感觉向老师汇报就是打"小报告",有点见不得人,怕同学知道后瞧不起,因此,宁可受罪也不请求外援,用"纸包着火",让宿舍关系充满风险。

可能导致宿舍人际关系紧张,还可能造成宿舍成员巨大的心理内耗。这是大学校园里最糟糕的事情,也是最不应该发生的事情,其实也是老师亟需掌握并及时干预的状况。宿舍长如果"捂"着这种风险,就是不称职、不作为的表现。

第三,宿舍长应引导舍友加强自我锤炼,把宿舍打造成全面成长的"大熔炉"。舍友彼此互为一面"明镜",每个人的缺点都暴露无遗,优点再低调也能被他人发现,如果宿舍长能引导大家在"卧谈会""恳谈会"上,形成批评与自我批评的机制,这将极大地帮助每个人改善自己,有效加速个人的成熟和全面发展。

第四,宿舍长要引领建立良好风气。引导形成勤奋刻苦的学风,养成早睡早起、不吃零食不挑食等好习惯,建立安全意识,维护政治和意识形态安全、食品安全、交通安全,有效预防各类诈骗。

宿舍长不仅可以理直气壮地管理宿舍,也可以以朋友、同学身份倡导形成良好的沟通协调机制,营造有利于大学生身心健康、学业进步的优良宿舍氛围,积极发挥育人大作用。

与"日记好友"为伴的成长秘诀

　　写日记是我大学时养成的习惯,那时写的日记现在捧出来是厚厚的一本,厚重的不只是重量而且是那段青春岁月,我的内心世界和成长足迹,我的喜怒哀乐、悲伤烦恼尽显其中。我把日记当作一位不出声、不泄密、不诉苦的老朋友。在忙碌青涩的大学生时代,看似性格外向却内心细腻敏感的我,如果没有日记的陪伴还真的不行。

　　日记在我的成长过程中发挥了非常大的作用,当我看到我指导的研究生朱大亮同学的硕士毕业论文《孔子"内省"观与当代大学生自我教育研究》的时候,更是产生了强烈的共鸣,强化了我对"日记老友"的认识,我可以肯定地说,养成写日记的习惯,无疑是大学生快速成长的秘诀之一。

　　人的成长以年龄的增长为基础,却不是前提,在我看来只有自我反省和自我教育才可以修身成己,正己安人。

　　有了"日记好友",即使身处的环境再繁华喧闹,我们仍旧够能保持头脑的清醒、内心的平和、自我的原则与底线;即使再疲惫不堪,我们仍旧能够心有所向地坚守;即使再伤心委屈,我们仍旧能够心生力量,不忘生命和生活给予的恩情,继续前行;即使成功昂扬,我们仍旧能保持低调,深情回望来路上的风景,特别是那些曾经帮助过、鼓励过我们的人;即使我们平凡得不能再平凡,我们也能够有越来越大的格局,也可以有自己的凡人名言……

　　在日记里,我写下自己的"座右铭",我称之为凡人名言,于是我变成了一个有精神追求的人;写下勉励自己的话,给自己提要求,每当打开日记就能看到,我就形成了自我约束自我激励的习惯,也充满了前行的力量;写下对朋友的思念,合上日记本,就不会再去胡思乱想;写下对人际矛盾的评论,我自己哪里不应该,对方又错在哪里,想出对策,鼓励自己主动去化解,第二天早上醒来,又是美好的一天。的确,"日记好友"对我的情绪调节起到了非常积极的作用。

大学的那段岁月里,晚自习的第一件事情就是打开我的"日记好友",让心慢慢平静下来,有时写一段,有时就写几句,有时写长篇,直至心里想说的都说出来了。然后再看看自己的"凡人名言",与"日记好友"交流完毕,开始写作业。

在"日记好友"的帮助下,我加强了自省和自我教育,更好地成长成熟。四年的日子度过得特别有意义,特别充实,特别有获得感,几乎没有遗憾的地方。这也得感谢我的母校扬州大学,也得特别感谢培养我的老师们,关心帮助我的学长学姐和同学们,还要感谢陪伴我们四季美好的校园。

工作后,我从写日记过渡到做工作笔记,以及有了灵感和感触拿起笔,写写文字,发发空间,只为记录下美好、留下足迹,对岁月有个交待。我经常与学生分享我的体会,建议他们也养成记日记的习惯。希望更多的大学生可以结交到走心的"日记好友"。

谈谈大学生该如何借力

借力,就是借别人的力量,借集体的力量,借工具的力量,为自己所用。一个人想要成功,就需要学会借势、借力,要找到着力点,进而撬动整个人生。

我们通常强调的传承与接续,其内涵便是借力思维。作为新时代大学生,我们更应深悟借力的重要意义,掌握借力的途径和方法,让自己收获更多的有益力量。

哪些是可以借助的力量? 怎样借力? 借力过程中又要注意什么? 在此,我分享自己的想法和建议。

借助老师的力量。大学期间,必修课连同专业选修课、公共选修课,我们学习的课程有数十门,把这些课程和教师综合起来就是一个庞大的资源。如果我们用心听讲、深入思考、及时请教,就可以掌握很多的知识和道理。

借助同学的力量。这也是大学生得天独厚的资源,一所大学,众多学院,近百个专业,成千上万的学生,这些都是我们可以借助的力量。每个同学都具有自己的个性和优势,看问题也都有自己的视角与见解。只要善于向他们学习,取长补短,恳请他们监督和帮助自己,这又是一个可以借力的庞大资源。如果我们在学业上受到挫折,不仅可以借鉴他们的学习方法,还可以大方地求助同学,组成"师傅带徒弟"般的学习团队,让学习不再孤单,不再艰难。

借助家庭的力量。不过,可能因为我们太熟悉这股力量了,反而容易忽略。比如,在父母身边学习简单的家务,人际沟通的道理,吃苦拼搏的精神,感恩的心境等。

借助环境的力量。我们所处的自然环境里深藏着科学及真理,这些力量便于汲取、无穷无尽并可以让人受益终身。而周围人际环境的力量,也同样有益于我们。

借助书籍的力量。书籍是最好的老师,书海浩瀚,宝藏无穷。著名诗人韩愈写下的治学名言:"书山有路勤为径,学海无涯苦作舟"。千百年来,学者与贤士一致认为:书读百遍是求学问道的方法。书读百遍,其义自见,此为勤;如百川归海,日进不已,此为学海无涯;做学问要耐心,此为苦。

新时代大学生既术业有专攻,也应提高综合素质。文科生应具有理工科思维,反之亦然。知识可以给我们带来更多的气质、神韵、格局与力量。因此,大学生要乐于读书,成功之道正蕴藏在其中。

当然,在借力的过程中,我们也要警惕两个方面。一是要慎重选择对象,对象选错了,借的力量越多,偏离得将越远。二是要加强自己的辨别能力,因为在借力的过程中,一定会遇到鱼目混杂、良莠不齐、利害相争的情况,我们要保持一定的敏感和洞察力,才能做出恰当的选择,取其利避其害。

别忘了，他们也是园丁

　　大学是令人向往的地方，不仅有优雅的景观，有意气风发、勤勉努力的学生，更有孜孜不倦、潜心育人的园丁。1931年清华大学校长梅贻琦在就职演讲中说"所谓大学者，非谓有大楼之谓也，有大师之谓也"。

　　别忘了，宿管阿姨、物业保洁阿姨、校园超市及浴室工作人员等，他们也是园丁！今天我要说的是食堂的职工们。记得我读初三的时候，在学校寄宿，住宿条件非常简陋，学习生活也很忙碌，但紧挨着宿舍的食堂给了我很多美好的回忆。在乡村中学，大部分老师回家吃饭，仅有少数老师和初三寄宿生在校用餐，一口大锅，一口烟囱，一位师傅老罗，日复一日的烟起烟灭中，那不知疲惫的身影，那亲切的面庞，温馨着我的生活。在学校举办的教师节征文比赛中，我以"别忘了，他也是园丁！"为题写了一篇散文，获得全校二等奖。

　　弹指一挥间，30年过去了，那片场景在我脑海里依然清晰，而今我也有幸成为一名大学老师。作为辅导员，我经常在食堂用餐，也会与校园里各种岗位上的工作人员打交道，我深深感受到食堂职工的不易，他们是与我们并肩的园丁。

　　民以食为天，食堂是大学校园里最重要的后勤保障之一。食堂师傅们为了能按时足量给师生提供伙食，付出了艰辛的劳动。每当凌晨，繁星闪烁，他们已经离开了温暖的被窝，投入早餐的准备工作，捏面点、蒸包子、煮粥……为大学生一天的学习备足食粮。中午随着下课的铃声响起，食堂师傅们立即投入紧张的工作，各司其职，井然有序。晚上，等同学们吃完饭，厨具整理清洗干净，就将近8点了。新冠疫情期间，学生错峰返校，他们都值班至晚上11点，确保返校迟的学生在深夜还能吃上热腾腾的水饺或者面条。我多次看到食堂师傅工作时小步带跑，看到面点师娴熟地捏制"扬州包子"，看到食堂工作人员开晨会、提要求、讲纪律。每当看到他们双眼充血，掩饰不住的疲惫，我心里都有种酸酸的滋味……

他们的事业，何其平凡，何其繁琐，却又何其重要，不可或缺。我们的学生党支部曾经组织过学生党员参观路南校区食堂，参观之后，我的学生感叹：真是不看不知道，我们大学食堂的安全措施做得太好了，每天售出的食品都是留样24小时，以备随时检查核验。

即使如此谨慎，食堂师傅们每天也是如履薄冰，饮食安全责任重于泰山啊。有时，学生在菜里吃出了"异物"，或者发现口味不对，只要向食堂师傅们反映，都能得到及时的答复和处理。在食堂里随处可见食堂经理的手机号码。"只有真诚采纳师生的意见和建议，增进沟通和交流，才能切实提高服务水平，给师生家的感觉！"这是殷经理的感言。

在家里不妨帮妈妈爸爸买菜、捡菜、洗菜、做菜、洗锅洗碗，体会一下每顿饭菜的制作流程，尤其采访一下妈妈爸爸、爷爷奶奶、外公外婆做饭的感受……

我一直吃着妈妈烧的菜长大，现在也只是偶尔参与做饭。我在工作过程中，知道了食堂师傅的不易，回过头来，我真的觉得妈妈很伟大。我有时问自己，我会毫无怨言地为孩子烧大半辈子饭菜吗？我甚至好奇，妈妈是怎么坚持下来的，是什么在支撑她？

学生寒假回家给爸爸妈妈烧几次饭，既是学习也是体验，不然哪里能掂量出生活的分量，哪能知道劳动的伟大与可敬呢？请记住，拿起筷子品尝饭菜，我们要"口中留德"，怀着一颗感恩和敬畏之心！"锄禾日当午，汗滴禾下土"，我们只有细细咀嚼，完全消化，转化为能量和营养，才能对得起为我们做饭做菜的亲人和园丁。

一栋房子，缺不了每一块砖和每一片瓦；一项伟大的事业，离不开每一位平凡人的劳动和坚守；一名大学生的成长，离不开食堂里披星戴月、辛勤劳动的园丁。您辛苦了，亲爱的园丁！

请珍惜这些年为我们"点灯"的宿管阿姨

我们可以回顾一下自己的成长经历,是否遇到过这样的人:那些为晚归的你留门的人,为丢了钥匙的你找备用钥匙的人,为宿舍跳了电闸的你续上电的人,为感冒的你送一碗姜茶的人,为你把晒在外面的被子收回来的人,疫情期间为你的宿舍开窗透风的人,在你回宿舍的时候呼喊你名字、送一掬微笑的人……她们就是大学生的宿管阿姨,一群有着慈祥容貌的、最可亲可敬的人。

我大学毕业二十多年了,依然对大学时的宿管阿姨"小陶"印象深刻。记忆里的小陶与我们同龄相仿,大概是没有能考上大学,成为了我们女生楼的"阿姨"。

九十年代的女孩喜欢红色,我印象中的小陶经常穿着红颜色的外衣,她中等身材,挺热情朴实的。宿舍楼晚上 11 点准时关门,我踩准 10:55 左右的时间赶回宿舍,那时宿舍楼的大门虚掩着就准备关了。一只脚跨进大门,我心里就踏实了。

在周末或者偶尔不忙的时候,我喜欢在宿管员办公室坐坐,跟小陶拉拉家常,有时也请她帮点小忙。小陶陪伴我们一起走过大学四年,她是我们宿舍楼的第一道风景,也是大家的形象代言人,虽普通但美丽。

每次同学聚会,我们女生都会聊到小陶,她是大家共同的记忆。很多年后,在文汇路校区第九教室外面的银行柜员机附近偶遇小陶,非常惊喜,还简单聊了几句。在写这篇文章的时候,我翻开手机,手机里却没了她的信息。也许小陶只能在记忆里才能寻到,不知道现在的她身在何处,过得好不好。

一栋楼,一间宿管阿姨室,一两个熟悉的面庞,阿姨们友善勤劳,淳朴热情,无论在我的学生时代还是现在的工作期间,她们都是让我心生敬意的人。我喜欢去宿管阿姨办公室坐坐,亲切地喊一声"阿姨"或者"大姐",一起聊聊住在这栋楼里的孩子,哪个孩子特别有礼貌,哪个孩子在变得更好。阿姨的宿舍虽然简朴,但整齐的床铺井井有条,每次都会让我的心灵受到触动。

她们在,你们的家就在,那份慈爱、祥和、友善和坚守就在。难怪呢,每当毕业季大学生们总是围着阿姨拍照合影,有的还会赠送小手工艺品或卡片留作纪念。

珍惜吧,请记着宿管阿姨的那些好,可能的话记着她们的名字和号码,邀请他们成微信好友,数十年后,你还可以亲自问一声:阿姨,你还好吗?谢谢当年的你。

我们与大自然有个约会

人的交往不外乎三大类别。一是与自己的交往,自我对话,自我反省,自我教育,自我提升。二是与身边的人交往,或者通过这些人扩展至更多的人,既大度地悦纳别人,也尽量让别人接纳自己。三是与大自然的交往。

儒道两家均主张天人合一思想,西汉《淮南子·精神训》有云:"天地运而相通,万物总而为一",医学著作《黄帝内经》也持天人合一的观点。人生活在天地之间,以天地自然为生存之源、发展之本,人与自然关系经历了从依附自然和利用自然,到人与自然和谐共生的发展过程。

迈入新时代,生态文明建设成为国家战略,人与自然之间的关系更加和谐,与大自然的相处更加亲切友好。读懂自然,欣赏大自然的博大精深,领略山海湖泊的壮丽雄伟,阅览白云朵朵的碧蓝天空和夜幕下的繁星点点,这是何等美好的意境。

大自然是一个无穷宝藏,我们从中获取的不只是生活物资,更多的是精神养料。春的万物生长,夏的热烈奔放,秋的丰收金黄,冬的深沉守望,各有各的哲学意蕴,如同人的每个成长阶段,自有不同的光景,不同的幸福,不同的人生际遇。

大自然使人陶醉,洗涤心灵,让人神情安详,变得更为通透。走进自然,享受着她给予的馈赠,满满的淡定、平和与幸福在心中升起。大自然无比美好,她一直都在我们身边,一湖一树、一花一草、一叶一瓣、一声一息,由于我们忙于工作、学习或生活琐碎,可能无暇留意,也可能与之失之交臂,这是辜负,更是错失。

我喜欢与大自然约会,我们可以向大自然学习做人的学问,努力做一个看得深远、爱得深沉、情怀深厚、格局博大的人,不负自然给予的恩泽,无愧地将接力棒传递给青年一代,引领人的成长。

很多人包括青年学生,花费在室内的时间、消费在电子产品的时间太多,不愿意主动走近大自然,无法充分地欣赏大自然,更无法借助大自然的力量拓展自我的心灵世界,无法实现心灵的洗礼与升华。

如果心灵不能与大自然真正相通,我们就无法读懂自然、读懂人生、读懂真善美,这是人生的莫大遗憾。

我们的物质条件逐渐丰厚,但是,得警惕心灵的空虚、精神的萎靡、情绪的失控,不要成为一个内心空洞的人、一个低级趣味的人、一个与自然和社会联结越来越少的人,否则我们将迷失方向。

这是我与大家共勉的。人生就是与大自然的约会,我们不能避而不见,遇而不约。身在此中,不仅要身临其境,更要心临其境。

格局是"自己的阳光"照进别人的心房

　　格局是一种综合的认知能力,以及这种认知能力形成的气场,格局也是一个人对局势和环境的理解与反馈。格局涉及价值观、智慧、眼光、见识、魄力、爱心、责任心、使命感等因素。

　　格局顾名思义,与性格相关,与自我认知及定位紧密相连。从字面上理解,格局是一种限定,有明显边界,但从深层内涵来理解,格局的最高境界在于:胸襟的宽大,视野的开阔,情怀的深沉,富有利他精神、互助意识和自愿的牺牲。

　　无论是格局大者,还是格局小者,没有明确的界定,但是人们能通过眼睛和心灵感应察觉到。格局大者,能形成强大的人气磁场,形成稳定的人格魅力,从而具有凝聚力、感染力、号召力,以及强大的克服困难的力量,自然在同伴中成为核心。

　　分享几个小故事。据说金岳霖一生深爱林徽因,在他人生的最后,有人想了解他跟林徽因的种种故事。他说:"我所有的话,都应该同她自己说,我不能说。"他顿一下,接着说:"我没有机会同她自己说的话,我不愿说出来。"此处无声却胜有声,这种大格局的爱似乎可以穿透时空,达到其想到达的任何之处。

　　三个工人在工地砌墙,有人问他们在干嘛?第一个人没好气地说:"砌墙,你没看到吗?"第二个人笑笑:"我们在盖一幢高楼。"第三个人笑容满面:"我们正在建一座新城市。"10年后,第一个人仍在砌墙,第二个人成了工程师,而第三个人,成了前两个人的老板。格局不同,视野和眼界就不同,即使我们眼下干着最简单平常的事情,也可能为未来某个大发展埋下伏笔。

　　格局大者内心开阔,精神慷慨,灵魂飞翔,胸怀三千里驿站与旌旗亭台,八千里疏云与阴晴圆缺。跟格局大者交往,有通透的真诚,有爽朗的快感,如风和日丽,春暖花开,小溪流水,清风徐来。感觉世界很小,你们就是全世界,世界又那么大,你们甚至产生了结伴闯荡天下的想法。

大格局,首先是一种价值追求。大格局的人具有大德,三观不会偏离正确的方向,他们已经把自己与他人、与社会紧密相连。他们具有同理心,关怀着身边的所有人,他们会想怎样通过自己的努力,让别人变得更好、更开心。

大格局,具有一种能够超越"阴暗"的力量。大格局者宽容,他们总可以看到别人的优点和长处。对低能力者,热情帮助;对犯错误者,引导教育,促进其提升;对敌对过甚至伤害过自己的人,选择原谅。

大格局,是一种崭新的幸福观。大格局者的幸福是高层次的幸福。他们不愿意看到周围人不幸福,把帮助别人理解为幸福。

大格局,是"自己的阳光"照进别人的心房。真正的大格局者,能以生命之力量酝酿光亮,哪怕只是一束荧火,也要给昏暗中的人指引方向,即使是燃烧自我,也义不容辞,因为他们已经认定了这是自己应有的模样。自己有光,是为了照亮周围,照进别人的心灵,是为了人生有声响。

格局大者,把怨恨化解,把懊恼飘散,把想法变成行动;也不把不良的情绪写在脸上,不去传播不良情绪。

做到这些真的有些难,让我们用心寻找身边的大格局者,为他们点个赞,同时将他们作为我们学习的榜样。

努力让自己成为大格局者,把"自己的阳光"照进别人的心房。

你离"高情商"还有多远

　　情商,英文缩写 EQ,也称情绪智力,是心理学家提出的与智商相对应的概念。情商主要指人在情绪、情感、意志、耐挫、自我管理、人际交往合作等方面的品质。

　　心理学家一致认为情商主要包含循序渐进的五个层面,也是五种境界:

　　一是,了解自我,具备觉察情绪的能力。能够观察和审视自己的情绪与心理活动,感知情绪的细微变化,这是情商的核心与基础。

　　二是,自我管理,具备调控自己情绪的能力。在适度地表现出来自己的情绪的同时,能够对情绪进行自我控制、调节与管理。

　　三是,自我激励,具备调动和激发自己情绪的能力。能够依据某种目标,调动、指挥情绪,使情绪最大化地服务于自己的学习、生活、工作与人际交往。

　　四是,识别他人的情绪,具备顾及他人情绪的能力。能够通过一些蛛丝马迹、细微信号,感知到他人的情绪、需求与欲望。这是情商的较高境界。

　　五是,影响和调控他人情绪的能力。在感知别人情绪的基础上,从有利于整体利益和大局的角度出发,积极主动地处理人际关系,调控他人的情绪。这是情商的最高境界,即"高情商"。当情商到达这一层面,个人的组织、管理、服务、协调工作将更富有成效,可以起到事半功倍的效果。

　　情商既是学识,也是格局,还是技能,它是个人情绪、心理与能力相互作用的整体。高情商的塑造不是一朝一夕可以完成的,它主要通过自我教育、家庭教育和学校教育,榜样学习,自我重复体验与改善这些环节练就。

　　从某种意义上说,情商甚至比智商更为重要,随着社会越来越多元化,较高的情商非常有助于一个人的成功。

　　一个善于自我激发、自我鞭策、自我教育和自我革新的人,一般会具有积极主动的精神，一定可以攻克自己情绪上的顽疾。同时，他也具有强大的力量，可以影响别人，因而具有组织管理和调动他人的能力，能让处于 "散沙" 的人有效地集聚，从而发挥团队的积极力量。

有人说，在学校里学，比的是智商；在社会里打拼，比的是情商；在商场里打拼，比的是逆商。确实很有道理，我们既要让自己过得更好，具备避免让自己情绪不爽的能力；同时，我们也要与他人积极交往，具备避免让别人情绪不爽的能力。

我们可以审视一下自己的情商处于上述五个层次中的哪一个层级，距离 "高情商" 还有多远？大学期间，除了学习科学文化知识外，个人还应塑造自己的情商。

"高情商" 能帮助我们学习更多、成长更多，还可以帮助我们跨越困难、汇聚力量。

为了让人生更美好，让人际更和谐，让我们更有力量地前行，让我们向着 "高情商" 的目标努力吧！

真诚的微笑是个人魅力的"一扇窗"

　　微笑太平凡太寻常了,以至于我们可能并不在意并不在乎,我们该笑的时候是否都笑了? 我们每次都笑得恰到好处了吗? 我们的不苟言笑有没有伤害到周围的人,有没有让别人对我们心存猜忌或者心生隔阂,有没有让家人或学生感觉我们不那么爱他们?

　　作为大学辅导员,毫不夸张地说,我时常有这样的小困惑。在与学生的交往交流中,我明明感觉我与他(她)是比较熟悉的,相互之间应该是比较友好的,但是为什么他(她)冷冷地面对着我,毫无表情? 我心里犯起了嘀咕。

　　我终于找到了与他(她)单独聊天的机会,先谈学习生活,感觉时机成熟了,我弱弱地试探:"你是不是对我有意见,还是我什么时候说的话或者做的事让你感觉不舒服?"他一脸懵懂,认真道:"老师,没有啊!"此时,他表现出非常疑惑的神情。"我看你从来不对我笑,倒挂着脸,既冷又严肃,让我心生猜忌,同时也会对你有所惧怕……"我说。这时,看到他无奈地苦笑着或者爆发出一串可爱而又羞涩的笑,"老师,我可能养成习惯了,不喜欢笑,我也知道这样很不好!"

　　微笑,平凡到不足挂齿,不值一提;但是,如果没有微笑,缺少微笑,那么人与人之间会徒增许多隔阂、猜忌,会让孩子感受的父爱母爱少了一份,会让学生对老师的畏惧增加了一层,会让员工与领导之间的距离多了一些,会让本来的人际矛盾增加了"谁怕谁"的顽疾负能,会让本来轻松愉快的心情涂上一抹阴云。

　　我们需要为自己打开"一扇窗",透过这扇窗,我们的心灵可以通向他人;透过这扇窗,别人送达的好意可以尽收眼底。由此,人与人之间的互动交流更加顺畅自然,感恩之情、幸福之心会让生活变得更加温馨、美好。真诚的微笑就是这样"一扇窗"。

　　微微一笑很倾城,一个微笑,或许可以擦出爱的火花,或许可以点亮生命的意义,或许可以激发搏击的动力,或许可以化解千千结,因此,我们无需吝啬微笑。

微笑需要练习,备战面试的大学生会每天对着镜子训练自己的仪态和表情,这可以使他在面试中更从容更自然,获得评委的好感。

我们可以猜想,一个不善于微笑的人,或许是因为冷漠、高傲、自我,或许对自己的处境不满,或许没有能力挖掘生活中的美好,或许对别人的感受不那么在乎,对别人和世界没有心怀感恩……

不善于微笑,总是让人心生猜忌,浮想联翩。让人在第一时间不是想着与你交朋友,而是好奇地猜想:究竟你是对生活不恭,还是生活对你不敬。

当我们再难,再累,再苦,再委屈,我们可以有泪,但别忘了打开那"一扇窗",为了关照别人,更为了善待自己,用微笑去诉说心灵的语言,用微笑来彰显人格的魅力!

你的世界需要一场"及时雨"

孩子：

你好！祝贺你成为物理培优班学员，一群优秀的人聚在一起，必将让你变得更加优秀。送你去学校回家后，洋洋就醒了，刚刚外婆外公带他去玩了，我今天中午终于可以休息了，终于可以有时间一个人坐下来，跟你用文字来交流。自从你出生后，你的每一句话，每一个神情，都让妈妈欣喜不已，我觉得你是那么的可爱，我至始至终深爱着你，我觉得陪着你就是幸福。也总是尝试着从你的角度去思考你需要什么，你会因什么而开心幸福，我努力给你空间，让你尝试着依靠自己的力量成长成熟。我觉得我做到了，你也做到了！

你性子稳，坐得住，勤奋刻苦，努力适应新环境，努力改造自己。对弟弟爱护有加，自己收拾整理房间，努力适应离家的日子，有意识地适应新生活……你做得非常好。不过，你还可以更棒。

（一）学会友好地与爸爸妈妈相处，学会自我批评

如果爸爸妈妈平时有不对的地方，你可以以一个友好的方式提醒我们，我们会虚心接受。不对就是不对，要敢于承认，敢于担当和改正，只有这样，一个人的灵魂才能走得更远，才会有朋友。爸爸妈妈40多岁了，无论在生活中还是工作中我们还是需要开展批评与自我批评，你也不可例外。人要不断自我反省、自我调整和自我革新，才能成为一个成熟的人。我想你其实是有这样的能力的。

（二）学会转换思维，学会换位思考

换位思考非常重要，如果做不到，就不能很好地与他人相容，与社会相连。在与外婆外公、爸爸妈妈相处过程中也要换位思考。随时随地换位思考，让换位思考变成习惯，只有这样你的人格张力和魅力，才能无限增强。

（三）学会爱家人，爱社会，爱世界

有了爱才有了美，才有了前进的力量，才有了克服困难的勇气，才有了满腔满腹的感恩。我知道你有爱，但是你的爱不够深沉。这必须改变。首先，爱父母爱长辈，多想想我们的不易，想想我们对你爱得这么执着却还要常常被你点点滴滴地伤害，为你担心。你于心何忍？比如，开口总说不好听的话，问你要不要吃水果牛奶什么的，你就说"随便"或者"不需要"，你从来没有说过"谢谢"。是这两个字不会说，还是这两个字有千斤重，从嘴里蹦不出来？人总要讲情义，希望你好好思量。从小到大，父母有多不容易，就看洋洋这一年，你应该了解了！

（四）人生定位要精准，人格品味要高

全面谋划很重要，你要思考几个问题：想要成为一个怎样的人，对家庭有多大意义，对社会有什么帮助，为你未来的小家要积累什么样的基础？希望你可以有一点时间不写作业，不看手机，不听音乐，好好思考一下自己的人生，这太重要了。你横躺着思考多久，站起来你才可能有多伟岸。但凡不会思考总结的人，不知道找自己缺点的人，一定不会有高尚、善良的品格。距高考仅剩一年时间，为自己的谋划要集思广益，跟更多的人请教商量，一个劲地蒙在葫芦里，晃来晃去，水只能越来越少，这不是最优选择。

（五）沟通交流很重要，情商培养从小事做起

没有好的沟通就不可能有好的人际关系，包括与父母、爱人，包括与同学、子女、领导、员工。你一定要明白这个道理，否则亲情、爱情、友情轻易间就被冲淡

了,美好的日子也便擦肩而过了。

时常来一次自我革新吧,如同这久旱的天气需要一场及时雨。在这一年的时间里去迎接高考,希望你能有一个好成绩,迈入一个好学校。用一年的时间去思考和革新,你将迎来一个崭新的、充满韵味的人生。加油吧。

后 记

一

这是我的第一本书，与其说用了两年的业余时间，不如说用了半辈子的光阴，用了二十五年的辅导员生涯。

用心做，细心品。每当心灵被触动，便拿便签写下新的主题或关键词。有时家人还沉浸在酣梦时，我便展开心情，展开思绪，码起了文字。

万物互联的时代，时空的限制被突破，既可无限之大、无限之遥，也可无限之小、无限之近，不同肤色的人因为互联网而成了近邻，网络成了人们沟通交流的新纽带。当代学生作为网络时代的"原住民"，既享受着网络带来的巨大便利和娱乐消遣，也经受着网络环境的影响和干扰。正是在这样的背景下"红梅引航"公众号从 2020 年 8 月 1 日正式注册运营，写推文成了业余时间里重要的事情，我把自己的思考及深悟、想告诉学生和家长的话采撷起来，通过公众号传递出去。作为思想政治教育的新媒体平台，如同一个全新的生命破壳生长，她的成长需要别样的精神与内涵、立场与观点、底色与态度，更需要对现实生活和学生实际加以关注。

二

循着学生的困惑，尝试静下心来给出自己的建议，供学生和家长及相关人员参考。"婚恋原创"栏目对爱情、婚恋、生育等方面的概念予以澄清，对学生的提问予以归纳与解答，使学生在婚恋选择的十字路口，可以得到中肯建议，同时，我也接待了很多学生的来访咨询，给予了针对性的辅导。辅导员同事说，这对帮助学生树立正确的婚恋观很有帮助。咨询过的杨同学说："恋爱观无比重要呐,我们确实很需要这样的教育,非常感谢"。周同学说："受益匪浅,写得太好了,每次阅读都像是一次净化身心之旅,和女朋友一起看,感觉两人的爱情小船更稳固了,航向也更坚定了!"每次协助同学们解决了恋爱中的难题,摆脱了情感障碍,自己在深感欣慰的同时,也增添了一剂又一剂的精神力量,愈发感觉这样的工作富有价值。

也遇到过搞笑的事情,有同学问:老师,您咨询的价格是多少? 我先被问笑了,然后告诉他,我是做公益不收费,有机会服务同学是我的荣幸。还有同学及家长以为我们的婚恋栏目兼做"红娘"业务,"您发一个女朋友给我呗,大家都挺羞涩的,所以这种介绍的方式挺好的。"学生的期待,让我愈发感受到这项工作的价值所在。

"家庭教育"栏目遵循了大中小学一体化教育的思想。大学生从家庭教育和基础教育中走来,从他们身上可以看到原生家庭的痕迹,如果不及时对家庭教育加以关注,那么问题会融入孩子的人格与心灵,最终在他们进入大学阶段后,通过各种方式呈现出来,辅导员还终将是"接镖人"。大学生也将很快成为"未来父母",在关注现有家庭教育问题的同时,为他们备一份"早课"也未尝不是极有意义的实践探索。

围绕家长教育焦虑、孩子成长规律、内动力激发、自我学习体系构建等主题,我们开展了积极的探讨,并在线下完成了各类咨询和案例矫正,受到了很多家长的肯定。无论是深陷困惑的家长,还是慕名而来咨询的家长,我均毫无保留地倾囊相授,在沟通交流后通常都看到了立竿见影的效果。一位家长留言说:"老师都很伟大,挽救每一个孩子,每一个家庭,不知道怎么感谢您。"在这条道路上,付出得越多,越感觉可努力的空间还很大。家庭教育不仅任重,而且来路又是何其遥远。

"红梅引航"一如既往地关注思想引领,这是教育的灵魂,也是工作室及公众号的基本宗旨。帮助学生树立正确的世界观、价值观和人生观,是我一直聚焦的现实问题,故无论文稿,还是访谈,所有能够涉及的层面,我均身体力行,竭尽努力,哪怕自己发出的仅是"荧光之亮"。

在"人际原创"栏目,我对学生在人际关系方面的困惑进行了探讨,对社交恐惧及其破解提供了个人的建议和方案。人与人、人与社会、人与自然的和谐共处,格局的互通,情感的互应,是时代发展的根基和动力。

三

"红梅引航"一路走来,撒遍汗水,付出辛勤,取得了一些成绩。随着文稿的付梓,我们希望这本书能够辐射更多的人群。"红梅引航"在过去还获得了教育部以及江苏省教育厅等部门颁发的"优秀工作案例""优秀网文""德育工作优秀案例"相关奖项,并于 2022 年 11 月正式获批江苏高校首批网络思政名师工作室,同时"红梅引航电台"于 2022 年底成功上线喜马拉雅平台,获得了广泛的认可。成绩的取得离不开学生及家长和社会各界的支持,感谢学校相关领导、学生处、宣传部的关心和指导,感谢水利科学与工程学院及医学院领导和全体师生的大力支持与鼓励,让我们一路稳步走来,茁壮成长。

感谢青年学子,是你们给予我不竭的动力与灵感,推动我不断地思考和探索新的领域。你们的勃勃朝气滋润着我,让我心态不老、动力不衰、奋斗不止。在与你们的相处中,感受到你们成长的精神力量,体验到教学相长的无限乐趣。

感谢广大学生家长对工作室的信任和鼓励,愿意分享你们的困惑和问题,接纳我的建议,这也增加了的收获、幸福与乐趣。

感谢叶柏森、蔡颖蔚、张信华、孙鹏、佘远富等老师对我职业生涯的引航与指导。

感谢林刚、徐蕾、吴刚、施林峰、居学明、陈佩沛、姚永明、成立、刘继平、胡立法、戴玉琴、刘佳、王庆林、钱莉、李伟、颜丙春、侯燕、王华、张平、周超、毛连军等老师在工作室建设及相关育人工作中给予的鼎力支持与帮助。

感谢"红梅引航"工作室教师团队杨延红、李新、陶金沙、张运、汤薛艳、陈华、杨华、李亿、杨方、杨迁、许金鑫、王滢、潘川、张嘉欣、徐晨曦、李林、郭勇、徐惠玲、黄柏璇、李吉豫、李丹阳、赵红梅、黄蓉、韩宗晨等老师的支持参与和协助。感谢工作室大学生运营中心的蔡禹、王琪、施昱涛、于娜、徐嘉欣、陈子惟、王潼楷、沈星月、李元琪、王晶、桑迪、李上卿、孙思雨、范瑞杰、许洋、乔缪阳、朱雪婷、曹源业、王博凡、司虓、顾晨、聂涛、唐寅翔、朱周涵、李嘉贤、傅俞栋、伏秋月、牛永旗等同学的辛勤付出。这本书凝结了集体的智慧与汗水。

感谢肖晓辉、谢翠红、高福营、刘辰、周敏、王贵洲、柏程伟、禹良琴、吕淑青等老师给予的具体指导。

同时,感谢吴锡平老师的亲切指导。感谢范建军先生和薛春香女士多年来对工作室的支持与帮助以及对本书的指导。感谢家人和亲友给予的挚爱、支持和帮助,以及你们的中肯建议。

遇见你们是我的幸运,是你们一直支撑着我奋力前行。遇见你们,就遇见了美好,遇见了无限种可能。

四

这是一次努力尝试,也是一次跳跃摸顶。下一次,或许会更海阔天空。数十年的教育探索,形成了我的教育格言:珍惜每一次育人机会,敬畏每一个可爱心灵;用热爱和耐心去陪伴,用生命的力量来点燃。这是期许,是感悟,是力量,更是鞭策。

前进的步伐风餐露宿,耕耘的身影在与时间竞跑,勇敢的心在青春的跑道上奋力前行,每滴汗水都为了这份坚守,为了那一些期待的神情,此刻,我继续上路。

扬州大学是我的家园,信仰是我的力量,"红梅引航"是一个港湾,希望她可以载着您的梦想去拼搏,去奋斗,去成就。

参考文献

［1］危玉妹. 新世纪大学生婚恋[M]. 福建:福建人民出版社,2016.

［2］艾里希·弗洛姆. 爱的艺术[M]. 上海:上海译文出版社,2018.

［3］张培培."90后"大学生婚恋观研究[D]. 河南大学,2013.

［4］李银河. 李银河说爱情[M]. 北京:北京十月文艺出版社,2019.

［5］桑亚杰. 大学生婚恋观调查分析及对策[J]. 卫生职业教育,2010(13):102－105.

［6］施爱民,苗青. 论大学生婚恋道德素质的培育[J]. 长春理工大学学报(高教版),2009,4(09):35－36.

［7］王伟. 多元化婚恋交友类节目对大学生择偶标准影响足迹探究[J]. 商业文化,2011(04):258－260.

［8］卡耐基. 人性的弱点[M]. 北京:北京联合出版公司,2015.

［9］[苏]霍姆林斯基. 给教师的建议[M]. 湖北:长江文艺出版社,2014.

［10］崔宁宁. 大学生案情调研:"你别管我"最伤父母心[EB/OL]. [2016－10－13]. http://edu. youth. cn/jyzx/jyxw/201610/t20161013_8742376. htm.

［11］[苏]高尔基. 母亲[M]. 吉林:北方妇女儿童出版社,2012.

［12］[法]罗曼罗兰. 母与子[M]. 湖南:湖南师范大学出版社,1998.